OFCE

L'économie européenne 2017

La Découverte
9 *bis*, rue Abel-Hovelacque
75013 Paris

Observatoire français des conjonctures économiques (OFCE)

L'**OFCE**, Observatoire français des conjonctures économiques, a été créé en janvier 1981 au sein de la Fondation nationale des sciences politiques, par une convention passée entre le Premier ministre et le président de la Fondation. Il a pour mission d'étudier les économies française et étrangères, leurs conjonctures et leurs structures et d'animer le débat public en économie.

Jean-Marcel Jeanneney fut le fondateur et premier président de l'OFCE (1981-1989). Jean-Paul Fitoussi (1990-2010) et Philippe Weil (2011-2013) ont présidé l'OFCE. Xavier Ragot préside l'OFCE depuis juin 2014.

L'OFCE publie : la *Revue de l'OFCE*, *Les Notes de l'OFCE*, et également des livres.

Pour tous renseignements sur les publications de l'OFCE :
OFCE : 69, quai d'orsay 75340 Paris Cedex 07
Tél. : 01 44 18 54 87 E-Mail : revue@ofce.sciences-po.fr
Site Internet : **www.ofce.sciences-po.fr**

ISBN : 978-2-7071-9401-5

Introduction

Quelques mois après la faillite de la banque Lehman Brothers, les chefs d'État et de gouvernement réunis à Londres pour le sommet du G20 en avril 2009 avaient établi une liste de recommandations pour relancer l'économie mondiale. Parmi celles-ci figuraient la mise en œuvre de politiques budgétaires et monétaires actives, le soutien aux banques assorti d'une meilleure réglementation bancaire, le refus de la tentation protectionniste, la lutte contre les inégalités et la pauvreté et le soutien au développement durable.

Ces recommandations s'opposaient aux politiques mises en œuvre peu après la Grande Dépression, dans les années 1930. À l'époque, les politiques économiques avaient commencé par être restrictives, et avaient donc alimenté la crise et la montée des inégalités. À l'époque aussi, le protectionnisme n'avait pas juste été une tentation, mais une réalité : des barrières tarifaires et non tarifaires avaient été levées pour tenter de protéger les entreprises locales de la concurrence internationale. On sait ce qui arriva par la suite : une montée des populismes et des extrémismes qui plongea l'Europe, puis le monde, dans une guerre épouvantable. Les enseignements économiques tirés de la gestion catastrophique de la crise des années 1930 ont donc contribué aux recommandations du sommet de Londres.

Que reste-t-il aujourd'hui de ces enseignements en Europe ? Peu de choses finalement si ce n'est une politique monétaire résolument expansionniste et la mise en place d'une Union bancaire. La première a vocation à atténuer la crise actuelle tandis que la seconde tend à éviter que survienne une crise bancaire en Europe. Ce n'est pas rien, certes, mais cela repose sur une seule institution, la Banque centrale européenne, et ne répond pas, loin s'en faut, à toutes les difficultés qui traversent l'Europe.

Le Brexit est l'une d'entre elles : premier cas de désintégration européenne, la sortie du Royaume-Uni pose notamment la question des conditions du futur partenariat avec l'Union européenne (UE) et fait resurgir la question du protectionnisme entre États européens. La tentation du repli sur soi est également manifeste dans la gestion de la crise des réfugiés, qui en appelle pourtant aux valeurs de solidarité qui ont longtemps caractérisé l'UE. Les divergences entre les États membres de l'UE en termes d'inégalités, de compétitivité et de fonctionnement des marchés du travail réclameraient des politiques différenciées et coordonnées entre les États membres plutôt que les politiques très homogènes et sans vision d'ensemble menées jusque-là. C'est le cas notamment des politiques visant à résorber les déséquilibres commerciaux et de celles s'attachant à réduire les dettes publiques. La gestion des finances publiques par l'application de règles budgétaires, même imparfaitement respectées, et la gestion des déséquilibres économiques et sociaux par le respect de critères quantitatifs font perdre de vue les interdépendances entre les États membres : l'austérité budgétaire pèse aussi sur les partenaires, tout comme la recherche d'une meilleure compétitivité-prix. Est-ce bien utile et raisonnable dans une Union européenne prochainement à vingt-sept qui peine à retrouver la voie d'une croissance durable et qui a vu augmenter ses inégalités ?

Cet ouvrage dresse un bilan de l'Union européenne dans une période de fortes tensions et de fortes incertitudes, après une année de conjoncture moyenne et avant que s'enclenche véritablement le processus de séparation entre l'UE et le Royaume-Uni. Au cours de cette période, plusieurs élections majeures en Europe serviront aussi de tests de résistance pour l'UE : moins, plus ou « mieux » d'Europe, il va falloir choisir.

*Jérôme Creel**

* Jérôme Creel a assuré la conception et la coordination de l'ouvrage.
Laurence Duboys-Fresney en a assuré la relecture et Claudine Houdin la réalisation.

PREMIÈRE PARTIE

L'état de l'économie européenne

I / La situation conjoncturelle européenne

Christophe Blot et Sabine Le Bayon[1]

Si le Grexit a pu être évité pendant l'été 2015, il n'en aura pas été de même avec le Brexit. En effet, le 23 juin 2016, les électeurs britanniques ont fait le choix de quitter l'Union européenne (UE). Ce processus devrait toutefois être lent puisque le Royaume-Uni et l'UE ont un délai de deux ans, à compter de la notification par le gouvernement britannique de la mise en œuvre de l'article 50 du traité sur l'UE, pour définir un accord précisant les conditions de sortie. Cette situation déclenche une nouvelle crise politique en Europe qui aura des répercussions à long terme puisque l'accord redéfinira non seulement les relations commerciales[2] entre l'UE et le Royaume-Uni, mais également les conditions de circulation des personnes.

À court terme, se pose la question de l'impact de l'annonce du Brexit sur la croissance non seulement au Royaume-Uni, mais également dans le reste de la zone euro, d'autant plus que ce choc intervient alors que les stigmates de la crise ne sont pas effacés. Le chômage, dans la zone euro, reste bien plus élevé qu'avant la Grande Récession. Malgré les nombreuses mesures prises par la BCE, l'inflation est faible et ne parvient pas à revenir vers la cible de 2 %. La reprise qui s'était enclenchée en 2014

1 Ce texte s'appuie largement sur l'analyse de la conjoncture internationale et européenne réalisée par le département « Analyse et prévisions » en octobre 2016 et publiée dans la *Revue de l'OFCE*, n° 148.

2 Soit l'accès aux marchés, mais aussi la question du « passeport européen » pour les établissements financiers, l'application de la régulation financière et plus généralement l'ensemble des contrats qui régissent les relations entre acteurs européens.

et renforcée en 2015 pourrait être fragilisée, d'autant que les facteurs qui l'avaient initiée vont progressivement s'atténuer (I). *In fine*, la croissance de la zone euro ralentirait (II). Dans ces conditions, le chômage baisserait très lentement et l'inflation se maintiendrait sous le seuil de 2 % jusqu'en 2018 (III). Au-delà du diagnostic, l'essoufflement de la reprise interroge sur les sources potentielles de croissance dans la zone euro. En conclusion, les multiples sources d'incertitudes pourraient être à l'origine d'un manque d'investissement et expliquer la faiblesse de la croissance dans la zone euro.

Des facteurs moins favorables à la croissance

L'année 2015 a été marquée par l'accélération de la croissance dans la zone euro, avec une augmentation du PIB de 1,9 % (tableau 1). Plusieurs facteurs exogènes se sont conjugués pour amorcer une dynamique de reprise qui laissait enfin entrevoir une

Tableau 1. **Scénario de croissance dans les économies européennes**

En %

	Croissance du PIB en volume			
	2015	**2016**	**2017**	**2018**
Allemagne	1,4	2,0	1,5	1,1
France	1,2	1,4	1,5	1,5
Italie	0,6	0,8	0,8	0,5
Espagne	3,2	3,1	2,1	1,8
Pays-Bas	2,0	1,7	1,7	1,6
Belgique	1,4	1,3	1,4	1,1
Finlande	0,2	0,8	1,2	1,8
Autriche	0,8	1,5	1,4	1,5
Portugal	1,6	0,9	1,1	1,4
Grèce	– 0,3	– 0,4	0,7	1,2
Irlande	26,3	2,3	2,9	2,4
Zone euro	**1,9**	**1,6**	**1,5**	**1,3**
Royaume-Uni	2,2	2,0	1,0	1,4
Suède	4,2	3,5	2,6	2,2
Danemark	1,0	1,0	1,4	1,7
UE à 15	**1,9**	**1,7**	**1,4**	**1,3**
13 nouveaux pays membres	3,8	3,2	3,1	3,0
UE à 28	**1,9**	**1,9**	**1,6**	**1,5**

Sources : FMI ; OCDE ; sources nationales ; calculs et prévision OFCE, octobre 2016.

réduction significative du chômage et l'enclenchement d'un cercle vertueux de croissance. Cette dynamique favorable s'atténue peu à peu en 2016. Le Brexit devrait affecter la croissance du Royaume-Uni. Dans le reste de la zone euro, les effets de contagion seraient négatifs bien que limités. Mais, surtout, c'est l'ensemble des vents qui ont soutenu la croissance qui pourraient s'essouffler.

Brexit : des effets de contagion limités...

La sortie du Royaume-Uni de l'UE devrait être un processus long (chapitre v). L'annonce du Brexit aurait cependant des effets sur la croissance à court terme. De fait, dès les résultats du vote, la livre s'est dépréciée. Entre juin et début octobre 2016, la baisse est de l'ordre de 15 % vis-à-vis de l'euro et de plus de 17 % vis-à-vis du dollar. C'est le premier vecteur par lequel le Brexit aura un impact sur l'activité et l'inflation. La dépréciation serait favorable au commerce extérieur du Royaume-Uni, mais se traduirait par un surcroît d'inflation importée, réduisant le pouvoir d'achat des ménages britanniques et donc leur consommation. Par ailleurs, la situation actuelle est aussi marquée par une augmentation de l'incertitude sur l'issue des négociations. Cette incertitude[3] pourrait freiner l'investissement au Royaume-Uni, les entreprises préférant adopter une position attentiste et reporter leurs décisions d'investissement ou d'embauche, ce qui ralentirait la production et l'emploi.

Contrairement à ce qui avait pu être craint, il n'y a pas eu, pour l'instant, de choc financier de grande ampleur. La Bourse de Londres comme les indices boursiers en zone euro ont résisté. Néanmoins, la période de négociations qui va s'ouvrir devrait s'accompagner de nombreuses déclarations qui accroîtront la volatilité des marchés. Du côté des taux d'intérêt, l'augmentation anticipée [Kierzenkowski *et al.*, 2016] du risque souverain ne s'est pas concrétisée. Le taux public au Royaume-Uni a même baissé à la suite du vote. Dans la zone euro, on observe une hausse de certains taux à long terme dans les pays dits périphériques, au Portugal notamment (graphique 1). Cette hausse résulte néanmoins davantage du contexte interne à ces pays. Seule la hausse observée en Irlande au moment du

3 Il faut rappeler que, même si des travaux récents suggèrent un effet significatif des chocs d'incertitude sur la croissance, il reste que la mesure et la quantification sont fragiles [Bloom, 2009 ; 2016].

Graphique 1. **Écarts de taux dans la zone euro**
En points et en écart avec le rendement des obligations allemandes

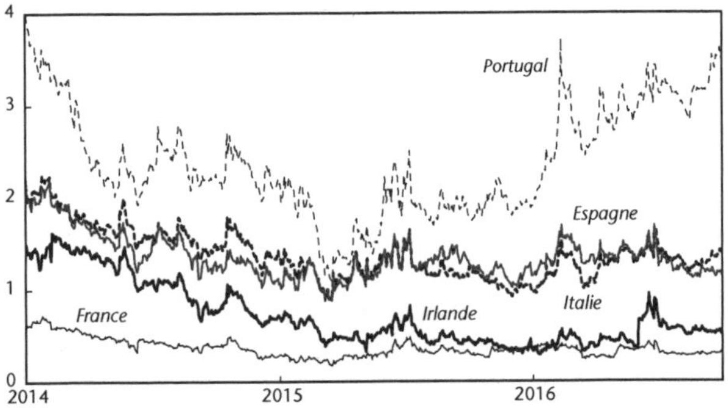

Source : Datastream.

vote pourrait suggérer que les marchés anticipent des effets de contagion plus forts vers cette petite économie très ouverte qui est bien plus exposée à la croissance britannique que les autres pays de la zone euro.

Finalement, l'économie britannique serait la plus touchée, avec une croissance qui serait divisée par deux entre 2016 et 2017 (tableau 1). Quant au reste des pays de la zone euro, leur croissance ne serait amputée que de 0,1 point au maximum, en raison de l'appréciation relative de l'euro et d'une réduction des importations britanniques.

... mais des soutiens à la croissance qui se tarissent

Les facteurs qui avaient particulièrement soutenu la croissance en 2015 — prix du pétrole, taux de change de l'euro, demande extérieure — voient leur impact s'estomper progressivement à partir de 2016. La politique monétaire resterait néanmoins expansionniste et la politique budgétaire neutre ou faiblement restrictive.

Le rééquilibrage de l'offre et de la demande de pétrole pousse le prix à la hausse

La baisse du prix du pétrole enclenchée à l'automne 2014 s'est poursuivie jusqu'au début de l'année 2016, avec un point bas atteint à 34 dollars au premier trimestre. Depuis, la remontée est en marche. Nous anticipons néanmoins que cette hausse serait modérée, du fait du niveau record des stocks. Le prix serait compris entre 50 et 60 dollars en 2017 et 2018. Il n'en reste pas moins que le soutien à la croissance apporté par le pétrole depuis la mi-2015 va s'estomper progressivement à partir de la fin 2016. Dans les quatre grands pays européens, l'impact positif sur le PIB, de l'ordre de 0,5 point en 2015, passerait à 0,3 en 2016, 0 en 2017 et serait légèrement négatif en 2018 (– 0,1). La remontée du prix du pétrole se traduira par une hausse de l'inflation et donc une baisse du pouvoir d'achat des ménages et des marges pour les entreprises.

Taux de change : baisse de l'euro mais surtout de la livre

La divergence anticipée entre les politiques monétaires conduites par la Réserve fédérale américaine et par la BCE a provoqué à partir de la mi-2014 une dépréciation de l'euro vis-à-vis du dollar, partant d'un niveau légèrement inférieur à 1,40 dollar pour fluctuer depuis début 2015 autour de 1,10 dollar. La Réserve fédérale poursuivra la normalisation progressive de sa politique monétaire, alors que la BCE ne devrait pas augmenter ses taux avant la fin de l'année 2018. De plus, cette dernière continue de soutenir fortement l'économie avec la mise en place de taux négatifs [Blot et Hubert, 2016] et la poursuite des achats mensuels de titres à hauteur de 80 milliards d'euros. Le taux de change euro-dollar baisserait encore légèrement jusqu'à 1,05 dollar pour 1 euro au deuxième trimestre 2017, soit une dépréciation supplémentaire de l'euro de 6,25 % après la dépréciation de 19 % intervenue entre mars 2014 et octobre 2016. D'une part, l'incidence de la divergence de politiques monétaires entre les deux zones est déjà largement intégrée par les marchés de change. D'autre part, l'excédent courant de la zone euro et par opposition le déficit courant des États-Unis sont des forces qui poussent plutôt à l'appréciation de l'euro. *In fine*, l'essentiel de la dépréciation de l'euro a donc déjà eu lieu et il y a moins d'effets positifs à attendre sur la croissance en 2017-2018 qu'en 2015-2016. Ces effets seraient en plus atténués par l'appréciation relative de l'euro vis-à-vis de la livre.

Politiques budgétaires : quelques foyers de résistance à la fin de l'austérité

Après la phase de consolidation budgétaire synchronisée entre 2011 et 2014 qui a pesé sur la dynamique de croissance de la zone euro, la politique budgétaire s'est révélée légèrement expansionniste dans la zone euro en 2015 et serait quasi neutre en 2016 et 2017 (tableau 2). En 2018, la politique budgétaire amputerait à nouveau la croissance moyenne dans les pays européens. Au Royaume-Uni, la politique budgétaire continuerait d'être restrictive mais beaucoup moins que par le passé et surtout moins que ce qui était prévu avant le Brexit. Le gouvernement a revu à la baisse ses ambitions de réduction de déficit pour ne pas pénaliser trop fortement une croissance fragilisée par le Brexit.

Tableau 2. **Impulsions budgétaires**

En points de PIB

	2011-2014	2015	2016	2017	2018
Zone euro	- 0,8	0,3	0,1	0	- 0,2
Allemagne	- 0,6	0,2	0,5	0,2	0,2
France	- 0,9	- 0,3	- 0,2	- 0,1	- 0,4
Italie	- 0,8	0	0,3	0,1	- 0,4
Espagne	- 1,7	0,7	0,2	- 0,1	0
Royaume-Uni	- 0,8	- 0,6	- 0,5	- 0,2	- 0,2

Sources : Comptes nationaux ; calculs et prévision OFCE, octobre 2016.

En Allemagne, avec un excédent budgétaire depuis 2014, le gouvernement dispose de marges de manœuvre lui permettant de baisser les impôts et d'assurer sans problème les dépenses supplémentaires liées à l'accueil des migrants. Malgré un déficit budgétaire inférieur à 3 %, l'Italie est toujours contrainte par son niveau de dette (133 % du PIB en 2015), qu'elle doit ramener à 60 %, avec un ajustement annuel d'1/20e évalué en moyenne sur trois ans. Néanmoins, il est possible de déroger à cette règle sous conditions : le gouvernement Renzi a ainsi justifié en 2016 la réduction de l'effort au titre de la clause de réformes structurelles, de la clause d'investissement et en raison de la crise migratoire. Le soutien de la politique budgétaire à la croissance italienne atteindrait 0,3 point en 2016. Du côté de l'Espagne, en l'absence de gouvernement pendant près d'un an, le pays s'est vu accorder un sursis malgré un déficit supérieur à 3 %, et l'impulsion budgétaire a été positive en 2015 et 2016 et serait quasi neutre en 2017-2018. Enfin, l'ajustement se poursuit en France en 2016 et 2017, même s'il est de moindre ampleur qu'entre 2011 et 2014. La fin du quinquennat est en effet marquée par un moindre ajustement des dépenses publiques alors que, dans le même temps, la montée en charge du CICE et du Pacte de responsabilité conduit à une baisse des prélèvements obligatoires. En 2016 et 2017, l'impact de cette politique sur la croissance serait de – 0,2 point en moyenne.

Le ralentissement du commerce mondial se poursuit

Le ralentissement de l'économie chinoise constaté depuis 2014 se confirme. Au deuxième trimestre 2016, la croissance du PIB s'est élevée à 6,7 % en glissement annuel, soit le plus bas niveau enregistré depuis 1992, à l'exception du premier trimestre 2009 lors de la Grande Récession. Ce ralentissement est la conséquence de la transition vers un modèle de croissance plus orienté vers le marché domestique. Étant donné le rôle croissant joué par la Chine dans l'économie mondiale, cette transition est facteur de turbulences, comme on l'a vu pendant l'été 2015, où les craintes d'un atterrissage brutal ont provoqué une forte baisse des indices boursiers dans les pays émergents mais également industrialisés. Le ralentissement de la croissance et de la production industrielle chinoises a pesé sur la demande de matières premières et sur le commerce mondial.

En fait, les informations statistiques indiquent un ralentissement généralisé du commerce mondial depuis 2012 [FMI, 2016] qui ne serait pas uniquement lié à la Chine, mais à un changement structurel de la dynamique du commerce international. Sur la période 1991-2007, les importations mondiales augmentaient à un rythme moyen de 7 %. Depuis 2012, l'élasticité du commerce au PIB mondial a fortement baissé et serait désormais proche de l'unité, voire inférieure. Pour l'ensemble des pays, le tableau 3 indique que la croissance de la demande adressée sur les périodes 2011-2013 et 2014-2015 a été bien inférieure à celle observée sur la période 2000-2007. Sur l'ensemble de l'année 2016, le recul des importations mondiales atteindrait – 0,3 %. Notre scénario s'appuie sur une progression des importations mondiales de « seulement » 2,3 % en 2017 et 2018. À court terme, l'effet sur la croissance de chaque pays ou zone géographique dépendra de l'ampleur de deux chocs relatifs : la baisse des importations et la baisse de la demande adressée (qui pèse sur les exportations).

Tableau 3. **Croissance de la demande adressée**

En %

Pays	2000-2007	2011-2013	2014-2015	2016-2018
Allemagne	7,1	3,7	3,6	1,9
France	6,8	3	3,6	2,1
Italie	7,2	4	3,7	2,1
Espagne	6,3	2,7	3,8	2,2
Royaume-Uni	6,9	3,7	3,6	1,9

Sources : Comptes nationaux ; calculs et prévision OFCE, octobre 2016.

La zone euro à la recherche d'un nouveau souffle

Alors que la zone euro était longtemps restée à la traîne de la reprise mondiale enclenchée en 2009, la reprise amorcée en 2014 (1,1 %), puis renforcée en 2015 (1,9 %) présageait d'une dynamique favorable. Si la reprise est toujours en cours au premier semestre 2016, elle perd cependant en vigueur. Le ralentissement se poursuivrait en 2017 et 2018, suggérant qu'une dynamique interne vertueuse peine à prendre le relais des facteurs favorables qui avaient permis d'enclencher la reprise.

Tant la consommation des ménages que l'investissement des entreprises (et plus récemment des ménages) ont alimenté la reprise de la zone euro à partir de 2014. Les ménages ont bénéficié de la reprise des créations d'emplois à partir de 2014, qui se sont intensifiées en 2015 et 2016. En revanche, les salaires nominaux ont augmenté modérément dans la zone euro (+ 1,2 % en 2015), renouant tout de même avec la croissance en Espagne (0,6 %), tandis qu'ils progressaient fortement en Allemagne (2,7 %). Surtout, la faible inflation a permis au revenu réel d'atteindre un rythme de croissance qui n'avait plus été observé depuis 2006 (de l'ordre de 2 % début 2016). En 2017, il n'y aurait plus d'effet positif du prix du pétrole à attendre, ce qui pèserait sur le pouvoir d'achat des ménages, malgré une accélération des salaires nominaux dans la plupart des pays. Par ailleurs, les créations d'emplois progresseraient moins vite, en lien avec l'essoufflement de la croissance et l'accélération de la productivité, ce qui se répercuterait sur la consommation des ménages. L'investissement en logement resterait en revanche assez dynamique, bénéficiant toujours de

Graphique 2. **Dépenses d'investissement productif**
2007 = 100

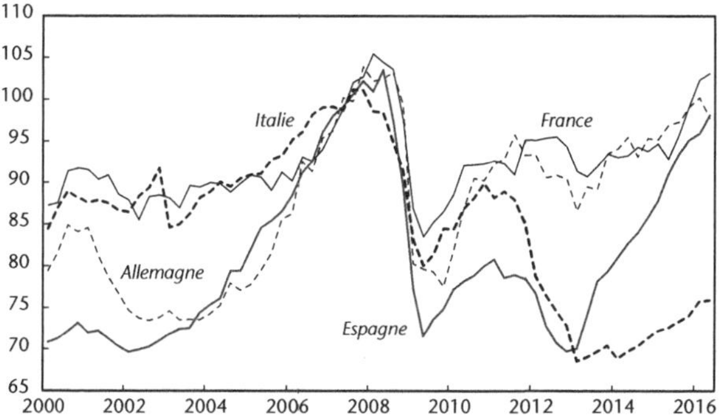

Source : Eurostat.

conditions de financement favorables. Cela permettrait au taux d'investissement en logement de se stabiliser, grâce à la poursuite de la construction en Allemagne et à la reprise qui s'amorce en Espagne. Les ménages de la zone euro ont profité de la faiblesse des taux pour renégocier leur prêt immobilier auprès des banques, ce qui a eu pour effet de stimuler la production de nouveaux crédits et de réduire la charge d'intérêts payée par les ménages. Néanmoins, la part des intérêts nets est restée quasi stable dans la zone euro agrégée ces dernières années, les intérêts reçus ayant dans le même temps diminué du même ordre de grandeur.

Du côté des dépenses d'investissement en volume, en machines et équipements, aucun pays n'a retrouvé le niveau d'avant-crise (graphique 2). Les situations sont cependant assez hétérogènes, avec notamment une situation italienne très critique. Le niveau de l'investissement reste très bas, en lien avec la situation dégradée des marges des entreprises. Cependant, les mesures fiscales de suramortissement ont permis d'améliorer la rentabilité des investissements italiens et favorisé les dépenses d'investissement sur la période récente. En Espagne, le redressement est spectaculaire, en lien avec la reprise de la demande interne et le dynamisme des exportations, dans un contexte de forte amélioration des marges des entreprises. En Allemagne et en France, la baisse a été moins marquée et la reprise est restée timorée. Elle a cependant été plus importante en France sur les derniers trimestres, bénéficiant de l'amélioration des marges des entreprises (avec notamment le soutien du CICE et du Pacte de responsabilité) et de mesures de suramortissement, comme en Italie, mesures qui continueraient à soutenir l'investissement à court terme en France et en Italie.

Enfin, sur la période 2014-2018, le commerce extérieur soutiendrait la croissance d'environ 0,1 point par an. Les performances des pays européens à l'exportation sont toutefois disparates : les entreprises espagnoles ont gagné des parts de marché depuis 2007, notamment au sein de la zone euro. Ceci s'explique par la stratégie de désinflation compétitive, avec des coûts salariaux unitaires qui se sont contractés de 6 % en Espagne depuis 2009, alors qu'ils continuaient de progresser en France, en Italie et en Allemagne. Dans ce contexte, la France et surtout l'Italie ont perdu des parts de marché depuis 2007. Enfin, le cas allemand est atypique puisque les entreprises ont connu de légers gains, alors que les coûts salariaux unitaires (CSU) progressaient de 8 % (contre un recul de 1 % sur la période 1999-2007). Les gains hors zone euro depuis 2014 s'expliquent par le taux de change, mais l'Allemagne bénéficie incontestablement d'un avantage hors coût qui lui permet de conserver ses positions à l'exportation. En 2017 et 2018, la plupart des pays de la zone euro stabiliseraient leurs parts de marché, dans le sillage de la stabilisation de l'euro. L'Espagne parviendrait à les maintenir à un haut niveau, du fait du maintien d'un avantage de compétitivité sur les autres pays européens, ce qui soutiendrait d'ailleurs plus fermement sa croissance. En Allemagne, les entreprises perdraient des parts de marché, du fait d'un écart d'inflation avec ses partenaires.

Le chômage et le risque déflationniste persistent

Où va le chômage ?

L'essoufflement de la croissance en Europe se répercutera sur la réduction du taux de chômage. Dans les pays où celui-ci avait atteint ou était repassé sous le niveau d'avant-crise, il repartirait à la hausse (Allemagne et Royaume-Uni), en raison d'une moindre croissance. En Allemagne, ceci se couplerait à une plus forte progression de la population active, en lien avec l'accueil des réfugiés. Ailleurs, la baisse du taux de chômage ne serait pas interrompue (Espagne, France et Italie), mais se ferait à un rythme plus lent. Alors que le taux de chômage a baissé de 2,4 points en Espagne en 2015, la baisse ne serait que de 1,1 point en 2018. Le taux de chômage s'établirait alors à plus de 17 % sur l'ensemble de l'année, bien loin du creux de 2007 à 8 %, soit un niveau proche de celui du chômage français à la même époque. En Italie, on passerait d'un rythme de réduction du chômage de 0,7 point en 2015 à 0,2 point en 2018. Quant à la France, sur la période 2016-2018, la baisse cumulée du taux de chômage ne serait que de 0,6 point, et le taux de chômage retrouverait son niveau du début de l'année 2012. Dans ces conditions, le sous-emploi resterait important dans la zone euro et constituerait un frein à l'inflation.

L'inflation repart à la hausse, mais ne retrouve pas sa cible

En septembre 2016, l'inflation dans la zone euro restait toujours à un bas niveau historique (graphique 3) : 0,2 % en glissement annuel. Cette faiblesse continue de s'expliquer en partie par la forte baisse des prix du pétrole intervenue depuis le second semestre 2014, et dont les effets n'ont pas entièrement fini de se diffuser. Cet effet tendrait à s'estomper progressivement (voir section précédente). L'inflation devrait donc se redresser et atteindrait 1,5 % en 2017 puis 1,7 % en 2018. La cible de la BCE ne serait toutefois pas atteinte.

Surtout, le niveau de l'inflation sous-jacente[4] (0,8 % en septembre 2016) montre que la zone euro reste dans une situation de prix peu dynamiques. Malgré le programme d'assouplissement quantitatif de la BCE (chapitre IV), des taux très bas et la baisse significative de l'euro, l'inflation sous-jacente ne parvient pas à dépasser le plafond de 1 %, sur lequel elle bute depuis environ trois ans. Cette situation s'explique principalement par deux facteurs : le taux de chômage et la mise en œuvre de politiques de désinflation compétitive dans les États.

---

4 Rappelons que l'indice d'inflation sous-jacente exclut les prix alimentaires et de l'énergie.

Graphique 3. **Inflation dans la zone euro**
En %, glissement annuel

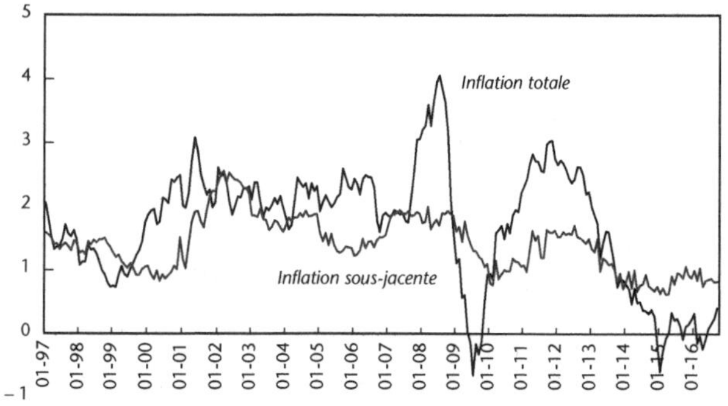

Source : Eurostat.

Avec un taux de chômage dans l'ensemble de la zone euro qui était encore supérieur à 10,1 % au deuxième trimestre 2016 et qui ne baisserait que d'un point d'ici la fin 2018, il est peu probable que puisse s'enclencher une boucle prix-salaire permettant de sortir de la zone de risque déflationniste. À cet égard, le risque n'est pas identique selon les pays. Si l'instauration d'un salaire minimum et la situation de quasi-plein-emploi stimulent la croissance des salaires en Allemagne, la lente décrue du chômage en Espagne maintiendrait le pays dans une situation de faible inflation : 0,4 % en 2017 et 0,7 % en 2018. Quant à la France et l'Italie, elles se situeraient dans une zone intermédiaire, avec une inflation aux alentours de 1,5 %.

En outre, depuis 2010, dans un contexte de forte augmentation du chômage et de réformes de la gouvernance européenne, les pays de la zone euro, et notamment les pays fragilisés par la crise des dettes souveraines, ont été incités à mener des réformes structurelles sur le marché du travail (France, Italie, Espagne, Portugal, Grèce ou Irlande). Ces réformes ont eu pour but de flexibiliser le marché du travail en réduisant la protection apportée par le contrat de travail ou en incitant à une plus grande décentralisation des négociations salariales. Elles ont de fait accentué la pression sur les salariés, réduisant leur pouvoir de négociation et les incitant à accepter une plus grande

Graphique 4. **Évolution des coûts salariaux unitaires dans la zone euro**

En %

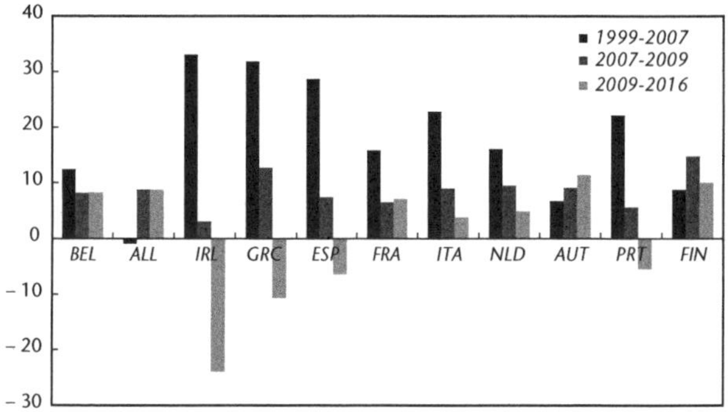

Source : Eurostat.

modération salariale, à l'instar de la situation allemande des années 2000. En Irlande, au Portugal ou en Grèce, les mesures de gel ou de baisse du salaire minimum ont eu un effet immédiat sur le coût du travail, de même que les mesures d'allègement des charges sociales ou fiscales, comme le crédit impôt compétitivité emploi (CICE) en France. Il en a résulté une baisse des CSU depuis 2009 en Irlande, Grèce, Espagne ou au Portugal (graphique 4). Si ces ajustements peuvent contribuer à résorber les déséquilibres de compte courant des années 2000, ils ont aussi pesé sur les prix, ce qui explique en partie la difficulté de la zone euro à renouer avec une inflation proche de 2 %.

Conclusion : la montée des incertitudes

Le Brexit crée une nouvelle source d'incertitudes en Europe, un an après les tensions en Grèce. Des incertitudes politiques et institutionnelles qui s'ajoutent à d'autres sources d'incertitudes, macroéconomiques et financières.

Des sources multiples d'incertitudes...

Il est probable qu'une sortie de la Grèce de la zone euro aurait eu des répercussions très fortes, dans la mesure où elle aurait remis en cause le processus d'unification monétaire. De fait, la dimension monétaire est absente du Brexit ; les discussions porteront sur les relations commerciales ainsi que sur la libre circulation des personnes entre le Royaume-Uni et le reste de l'UE. Il n'en demeure pas moins que cette situation se traduira par un recul du processus d'intégration européenne. Au-delà des électeurs britanniques, on assiste bien à un mouvement de défiance généralisé des citoyens vis-à-vis du projet européen. S'il y a bien eu un vaste mouvement de réformes de la gouvernance européenne, le projet politique européen semble en panne et manque de lisibilité, ce qui peut favoriser le repli sur soi des acteurs économiques (ménages, entreprises). Sur un tout autre registre, la crise politique en Espagne ou les élections à venir en France et en Allemagne pourraient être de nouvelles sources d'incertitudes. Quel sera le cap choisi par ces nouveaux gouvernements en matière de construction européenne ?

Les débats et les incertitudes macroéconomiques sont tout aussi nombreux et concernent aussi bien la nature des changements récemment observés sur la dynamique de croissance du commerce international que l'éventualité d'une stagnation séculaire, terme employé pour désigner une période d'affaiblissement durable de la croissance. Au-delà des termes, c'est bien la question du potentiel de croissance et des tendances de productivité dans le monde post-Grande Récession qui se pose.

Par ailleurs, l'année 2016 a été marquée par la résurgence du risque bancaire (chapitre VI), en lien avec la situation des banques italiennes, qui constitue une sérieuse menace pour les finances publiques italiennes et pour la croissance. L'ensemble du système bancaire italien détient un stock de créances douteuses supérieur à 16 % du total de l'encours de crédit, ce qui représenterait près de 22 % du PIB. Cette situation est un risque pour les finances publiques, si le système bancaire devait être recapitalisé, et pour la croissance. Les créances douteuses pèsent sur la rentabilité des banques, ce qui peut se répercuter sur les taux bancaires appliqués aux agents non financiers — les banques souhaitant redresser leur rentabilité — ou contraindre les banques à freiner l'offre de crédit, afin d'ajuster le risque de leur bilan. Si l'Italie concentre un niveau élevé de risques sur l'ensemble du système bancaire, l'Allemagne pourrait à son tour être prise dans une nouvelle tourmente bancaire du fait de la situation critique de la Deutsche Bank, menacée d'une sanction financière de 5 milliards de dollars par la justice américaine pour avoir induit en erreur des investisseurs en leur vendant des produits structurés, adossés à des crédits immobiliers toxiques aux États-Unis.

… qui freinent l'investissement

La multiplicité des sources de risques ou d'incertitudes favorisent l'attentisme, le repli sur soi et freinent la prise de risque. Il en résulte une situation où les ménages et les entreprises privilégient l'épargne à l'investissement, ce qui réduit la croissance et confirme les craintes d'une économie enfermée dans une trappe à faible croissance et inflation basse, validant *ex post* les analyses pointant la baisse de la productivité et de la croissance potentielle.

C'est sans doute ce qui explique la reprise molle de l'investissement : le taux d'investissement global dans l'ensemble des pays de la zone euro est encore inférieur à son pic d'avant-crise. L'excédent courant record de la zone euro (supérieur à 3 % en 2015) illustre parfaitement cette situation d'une zone euro en excès d'épargne.

Repères bibliographiques

Bloom N., « The impact of uncertainty shocks », *Econometrica*, vol. 77, n° 3, 2009, p. 623-685.

Bloom N., « Fluctuations in uncertainty », *Journal of Economic Perspectives*, vol. 28, n° 2, 2016, p. 153-176.

Blot C. et Hubert P., « Causes et conséquences des taux d'intérêt négatifs », *Revue de l'OFCE*, n° 150, 2016.

FMI, « Global disinflation in an era of constrained monetary policy », *World Economic Outlook*, octobre 2016.

Kierzenkowski R., Pain N., Rusticelli E. et Zwart S., « The economic consequences of Brexit : a taxing decision », *OECD Economic Policy Paper*, n° 16, 2016.

II / Une brève histoire de l'intégration économique européenne

Éloi Laurent

L'« Europe » existe au moins depuis l'Antiquité, à la fois sur le plan mythologique (Europe, princesse phénicienne, fut arrachée à l'Asie par Zeus pour être conduite en Crète et inventer un nouveau continent) et économique (la Méditerranée a été l'espace d'échange naturel des civilisations européennes). La « communauté européenne » est un projet beaucoup plus récent, dont Victor Hugo a eu la géniale intuition dans son discours du 21 août 1849 appelant à des « États-Unis d'Europe » (« Un jour viendra où il n'y aura plus d'autres champs de bataille que les marchés s'ouvrant au commerce et les esprits s'ouvrant aux idées »). C'est la tragédie des deux guerres mondiales, « guerres civiles européennes », qui imposera comme une nécessité, et non plus comme une possibilité, la construction européenne et qui la fera reposer sur l'intégration économique. C'est précisément cette intégration économique qui est en crise en ce début du XXIe siècle et qui menace l'ensemble du projet européen.

Certes, la Communauté économique européenne (CEE) et l'Union européenne (UE) sont nées de crises (respectivement la Seconde Guerre mondiale et la fin de la guerre froide), mais les crises européennes ne sont plus aujourd'hui ces moments cathartiques entre anciens ennemis qui essaient de construire dans l'urgence une paix durable en surmontant leurs désaccords fondamentaux. Elles sont devenues depuis dix ans le mode normal de gouvernement d'une Union toujours plus cacophonique qui ne progresse plus. Un constat, objectivement préoccupant et assez peu contestable, s'impose : cette intégration européenne par le chaos s'essouffle, et un nombre croissant de citoyens s'en détournent.

La paix par le marché

L'Europe « vivante et organisée », inventée de concert par les Français Jean Monnet et Robert Schuman, et proposée à l'Allemagne dans le discours du 9 mai 1950 (le 9 mai est devenu depuis une « fête » de l'Europe dont très peu de citoyens soupçonnent l'existence), repose tout entière sur un principe fondateur : mettre en commun les matières premières de la guerre pour la rendre matériellement impossible. La Communauté européenne du charbon et de l'acier, ou CECA (18 avril 1951), est le premier pas de cette Europe économique en apparence, mais politique au premier chef. Schuman en est convaincu, « l'Europe ne se fera pas d'un coup, ni dans une construction d'ensemble : elle se fera par des réalisations concrètes créant d'abord une solidarité de fait ». La déclaration du 9 mai 1950 est donc une déclaration d'interdépendance, comme la déclaration de 1776 fut pour les États-Unis vis-à-vis de la Couronne britannique une déclaration d'indépendance. Le traité de Rome instituant la Communauté économique européenne, signé le 25 mars 1957 entre l'Allemagne, la France, l'Italie et les trois États du Benelux (Belgique, Pays-Bas et Luxembourg), généralise cette idée de la paix par l'échange, en promettant une « union sans cesse plus étroite entre les peuples européens » par l'élimination des « barrières qui divisent l'Europe ». Lui est adjoint le « second » traité de Rome, instituant la Communauté européenne de l'énergie atomique (CEEA), dite Euratom.

L'encadrement d'un État-nation trop porté sur la volonté de puissance et la guerre, sa domestication par les liens volontaires et souples de l'échange marchand apparaissent donc comme la quintessence du projet européen. D'emblée, l'Europe fut l'Europe économique. D'emblée, l'Europe exista par le fait et au nom d'un ensemble de règles communes édictées par les États membres pour contraindre leurs propres choix et construire, par le partage de la souveraineté, la prospérité dans la sécurité.

Les « barrières » qu'il fallait abattre entre les États européens étaient d'abord douanières, et ce fut l'objet du Marché commun, qui aboutit dès 1968 à la mise en place du tarif extérieur commun et d'une politique commerciale européenne qui remplace celle des États membres (la politique commerciale est ainsi une des plus anciennes politiques européennes avec la politique agricole commune).

Parallèlement, la Cour de justice des Communautés européennes (CJCE devenue depuis la Cour de justice de l'UE) pose, en février 1963 (arrêt Van Gend & Loos) et juillet 1964 (arrêt Costa contre ENEL), les principes de l'« effet direct » et de la « primauté » du droit européen sur le droit national. Un droit européen supérieur aux droits nationaux vient renforcer encore l'assise du grand marché européen.

Plus avant s'affirme dans les années 1970 un système de gouvernement inédit dans l'histoire et unique au monde, qui juxtapose la logique intergouvernementale et la logique fédérale, différencie les légitimités (la Commission incarne et défend l'intérêt général européen, le Conseil rassemble les États, et le Parlement européen est l'enceinte des peuples) et partage les pouvoirs au lieu de les séparer (le pouvoir législatif est partagé entre le Parlement et le Conseil, le pouvoir exécutif entre le Conseil et la Commission).

L'ordre institutionnel européen est parachevé par la ratification du traité de Maastricht qui entre en vigueur le 1er novembre 1993 et institue l'Union européenne. Celle-ci se constitue de trois « piliers » : les Communautés (CECA, CE, CEEA), la politique étrangère et de sécurité commune (PESC), la coopération en matière de Justice et affaires intérieures (JAI). À quoi s'ajoutent l'institution d'une citoyenneté européenne et le renforcement des pouvoirs du Parlement européen. Enfin, l'Union économique et monétaire (UEM) est lancée, et la Banque centrale européenne, qui émet l'euro, voit le jour en 1998.

L'Union européenne n'est donc pas une organisation internationale, comme le sont les Nations unies. Elle ne vise pas la coexistence pacifique ou la coopération ponctuelle dans l'ordre mondial d'États qui demeureraient par ailleurs pleinement souverains en leur territoire. Elle est le lieu de création, d'application et de défense d'un ordre juridique inédit qui s'impose à l'ordre interne des États membres pour, le cas échéant, s'y substituer. L'UE est ainsi un lieu permanent de compromis, une véritable construction dynamique, qui a de plus vocation à évoluer à mesure de ses élargissements successifs.

Dès 1973, en effet, ce projet politique sans équivalent intègre le Royaume-Uni, le Danemark et l'Irlande, et ne cessera d'accueillir de nouveaux États pour compter en 2015 vingt-huit membres (l'Allemagne, l'Autriche, la Belgique, la Bulgarie, Chypre, la Croatie, le Danemark, l'Espagne, l'Estonie, la Finlande, la France, la Grèce, la Hongrie, l'Irlande, l'Italie, la Lituanie, la Lettonie, le Luxembourg, Malte, les Pays-Bas, la Pologne, le Portugal, la République tchèque, la Roumanie, le Royaume-Uni, la Slovaquie, la Slovénie et la Suède).

Le principe des institutions européennes est le partage de la souveraineté, mais ce partage est différencié selon les domaines. Dans certains domaines, les États sont pleinement souverains mais coopèrent ensemble (police, justice, politique étrangère, politique de défense). C'est l'« Europe intergouvernementale », où la règle de décision demeure l'unanimité. Dans d'autres, les États membres sont soumis à des règles communes et à des autorités indépendantes (politique fiscale, politique sociale, politique budgétaire, politique de la concurrence, politique industrielle). C'est l'« Europe communautaire », dont le principe de décision est la « méthode communautaire ». Enfin, c'est une véritable « Europe fédérale » qui régit les questions agricoles, commerciales et monétaires : les États membres obéissent alors, comme les régions d'un ensemble national, à un pouvoir central qui édicte la règle commune. Pour ce qui est des compétences partagées, c'est le principe de subsidiarité qui s'applique : n'est attribué à l'échelon européen que ce que les États membres feraient moins efficacement. L'intégration est particulièrement poussée pour les membres de la zone euro, qui forment désormais une solide majorité des États de l'Union européenne (depuis le 1er janvier 2015 et l'adhésion de la Lituanie, dix-neuf des vingt-huit États membres de l'Union européenne ont adopté l'euro, soit les deux tiers).

D'une logique de paix par l'échange, puis de marché reposant sur le droit, la construction européenne a évolué en près de soixante ans vers la création d'un nouveau régime politique cohérent et unifié ayant vocation à s'étendre en Europe, dans lequel certains pouvoirs sont européens et certains pouvoirs sont nationaux. Le résultat le plus précieux a été l'expansion d'un empire de la paix sur le continent (tableau 1).

Tableau 1. **L'expansion démocratique européenne**

	1972			2014		
	Droits politiques	**Libertés civiles**	**Statut**	**Droits politiques**	**Libertés civiles**	**Statut**
Bulgarie	7	7	Non libre	2	2	Part. libre
Croatie	..	..	..	1	2	Libre
Rép. tchèque	..	..	..	1	1	Libre
Tchécoslovaquie	7	7	Non libre	..	..	..
Allemagne	..	..	..	1	1	Libre
RDA	7	7	Non libre	..	..	..
Lettonie	..	..	..	1	1	Libre
Estonie	..	..	..	1	1	Libre
Lituanie	..	..	..	1	1	Libre
Pologne	6	6	Non libre	1	1	Libre
Portugal	5	6	Non libre	1	1	Libre
Roumanie	7	6	Non libre	2	2	Libre
Slovaquie	..	..	..	1	1	Libre
Slovénie	..	..	..	1	1	Libre
Espagne	5	6	Non libre	1	1	Libre
Grèce	6	6	Non libre	1	2	Libre

Lecture : l'indice Freedom House est formé à partir de deux séries principales de données : les enquêtes portant sur les droits politiques et celles relatives aux libertés civiles. Les droits politiques sont eux-mêmes évalués à partir d'un ensemble de variables : la perception subjective de la qualité du processus électoral, le pluralisme politique et la participation au (et le fonctionnement du) gouvernement. Les libertés civiles sont quant à elles mesurées à partir de l'estimation de la liberté d'expression et de croyance, des droits des associations et des organisations (entreprises et syndicats notamment), du respect de l'État de droit et enfin des droits individuels et de l'autonomie personnelle (la capacité d'influer sur sa propre existence). En agrégeant ces deux dimensions et en leur attribuant une valeur en fonction de la qualité perçue et déclarée par les citoyens, on obtient un score sur une échelle de 1 à 7 (du plus au moins libre). On subdivise alors l'échelle numérique en trois catégories : les pays considérés comme libres, ceux qui peuvent être dits non libres et enfin les pays qui ne sont que partiellement libres.

Source : Freedom House.

C'est ce qui a valu en 2012, à la surprise de beaucoup et la consternation de certains, le prix Nobel de la paix à l'Union européenne qui, selon le comité Nobel, a contribué « pendant plus de six décennies à l'avancement de la paix, de la réconciliation, de la démocratie et des droits de l'homme en Europe ». Il est en effet tout à fait clair que l'élargissement des années 1980 de la Communauté économique européenne vers l'Espagne, la Grèce et le Portugal, et le grand élargissement à l'Est de 2004 et 2007 ont été décisifs dans la stabilisation démocratique de ces pays. Le résultat de cette démocratisation est que l'Europe est aujourd'hui le continent le plus démocratique au monde, avec près de 90 % de ses pays considérés comme tels, comparés à seulement 70 % dans les Amériques, 40 % en Asie, 20 % en Afrique subsaharienne et seulement 1 % au Moyen-Orient et en Afrique du Nord [Laurent et Le Cacheux, 2015].

L'approfondissement dans l'asymétrie, l'élargissement dans l'hétérogénéité

L'institution fondatrice de la construction européenne est le marché, qui a pour vocation de limiter le pouvoir des États membres pour garantir entre eux la paix tout en assurant la prospérité à leurs peuples. Mais le traité de Rome (1957) distingue bien deux projets d'unification : l'abolition des barrières douanières et l'établissement d'un tarif commun d'une part, et d'autre part l'objectif beaucoup plus ambitieux de réaliser à l'échelle européenne les « quatre libertés » de circulation des biens, des personnes, des services et des capitaux. Alors que l'union douanière qui fait de la CEE une zone de libre-échange est une réalité dès 1970, il faut attendre le milieu des années 1980 pour qu'émerge une véritable stratégie de constitution du marché intérieur.

C'est par l'Acte unique européen, signé en février 1986, que les Douze fixent comme échéance pour la réalisation du marché intérieur le 31 décembre 1992. Le 1er janvier 1993, la construction européenne passe donc d'une logique de marché commun à une logique de marché unique, mais aussi d'une logique d'intégration négative (suppression des droits de douane) à une logique d'intégration positive (instauration des quatre libertés) en devenant, au moins sur le plan juridique, un « espace sans frontières intérieures dans lequel la libre circulation des marchandises, des personnes, des services et des capitaux est assurée ». Un des instruments les plus novateurs utilisés au cours de cette période pour contourner l'obstacle de l'harmonisation des réglementations nationales est la « reconnaissance mutuelle » (principe posé par l'arrêt Cassis de Dijon du 20 février 1979), qui veut qu'un produit légalement fabriqué dans un État membre ne puisse pas être interdit à la vente dans un autre État membre, même si les prescriptions techniques de l'État d'origine diffèrent de celles imposées à ses propres produits par l'État de destination. La reconnaissance mutuelle repose en quelque sorte sur la confiance réciproque entre États membres.

Quel bilan tirer aujourd'hui du marché unique ? Une part très importante de l'agenda de libéralisation des marchés prévu par l'Acte unique a été adoptée et les différents élargissements ont donné au marché unique encore plus de poids. Pour autant, une asymétrie s'est fait jour et s'est même renforcée au cours des deux dernières décennies entre marchés très intégrés et marchés très peu intégrés. Qui plus est, les politiques publiques ont rarement été intégrées à la hauteur des marchés.

Ainsi le marché du capital est-il à l'évidence le plus abouti des marchés européens. La libéralisation complète des mouvements de capitaux, la suppression du contrôle des changes et le lancement de la monnaie unique sur les marchés financiers (1999) puis dans l'ensemble de l'économie (2002) ont encore accéléré la fluidité du capital à l'échelle européenne. Pour autant, les politiques, notamment fiscales, sont restées gouvernées par la règle de l'unanimité. La concurrence fiscale qui en a résulté impose une contrainte puissante aux modèles sociaux nationaux (la baisse de l'imposition sur les sociétés et sur les hauts revenus a été en Europe plus importante que dans le reste du monde au cours des vingt-cinq dernières années).

Le marché des biens est lui aussi fortement intégré : les échanges extérieurs des États membres de l'UE sont aux deux tiers des échanges intra-UE, et le marché unique européen représente aujourd'hui à lui seul environ un tiers de ce qu'il est convenu d'appeler la mondialisation (tableau 2).

Tableau 2. **L'européanisation dans la mondialisation (2012)**

	Valeur des exportations (en milliards de dollars)	**Part (en %)**
Amérique du Nord	3 035	16,9
Amérique du Sud et centrale	787	4,4
Europe	6 564	36,6
CEI	550	3,1
Afrique	580	3,2
Moyen-Orient	714	4,0
Asie	5 333	29,7
Monde	17 930	100

Source : OMC.

Plus encore, le développement du marché unique, qui compte en 2015 près de 500 millions de consommateurs, a permis à l'Union européenne, première puissance économique mondiale, de devenir, devant les États-Unis, leader dans la production de normes et de standards (techniques, de sécurité, environnementaux). Cette situation fait du marché unique, dont les règles s'appliquent à un nombre croissant de pays hors de l'UE, une véritable politique étrangère européenne.

Le marché des services européens, qui constituent 70 % du PIB de l'Union européenne, mais représentent moins de 20 % des échanges, est en revanche loin d'être une réalité. La Commission européenne a d'ailleurs présenté en janvier 2004 un projet de directive (dite « directive services » ou « directive Bolkestein ») qui visait à éliminer les barrières aux échanges de services. Mais cette directive reposait sur le « principe d'origine », instituant une forme de reconnaissance mutuelle des systèmes sociaux : le prestataire de services était alors soumis à la loi du pays dans lequel il était établi et non à celle du pays où son service était fourni. Par un vote du Conseil du 26 mai 2006, le principe du « pays d'origine » a été supprimé et remplacé par une clause de libre circulation des services (les services publics et sociaux sont en outre exclus du champ de la directive). Depuis, le commerce des services a peu progressé.

Enfin, si la libre circulation des personnes dans l'Union a été grandement facilitée par l'accord de Schengen (1985) qui supprime les contrôles à la plupart des frontières intérieures, il est encore impossible de parler d'un marché du travail européen. En effet, à peine 2 % de la main-d'œuvre est mobile à l'échelle de l'Union, et cette proportion est stable depuis trois décennies. Qui plus est, l'accord de Schengen, qui compte aujourd'hui vingt-six pays membres et concerne 420 millions de personnes, se voit remis en cause dans le cadre de la crise dite des « migrants » depuis l'été 2015.

Combinée à l'asymétrie dans l'intégration des politiques, l'asymétrie dans l'intégration des marchés européens est problématique (c'est cette double asymétrie qui explique par exemple le développement de la concurrence fiscale et ses effets néfastes sur les modèles sociaux nationaux). D'autant que la construction européenne, qui a connu pas moins de sept élargissements en soixante ans (tableau 3), rassemble désormais des pays très hétérogènes dans leur niveau de développement.

Tableau 3. **De 6 à 28 en quarante ans**

1er élargissement (1973)	Royaume-Uni, Irlande, Danemark
2e élargissement (1981)	Grèce
3e élargissement (1986)	Espagne, Portugal
4e élargissement (1995)	Autriche, Suède, Finlande
5e et 6e élargissements (2004 et 2007)	Chypre, République tchèque, Estonie, Hongrie, Lettonie, Lituanie, Malte, Pologne, Slovaquie, Slovénie, Bulgarie, Roumanie
7e élargissement (2013)	Croatie

Source : Union européenne.

Le traité sur l'Union européenne (1992) dispose que tout État européen qui respecte les « principes de la liberté, de la démocratie, des droits de l'homme et des libertés fondamentales ainsi que de l'État de droit, principes qui sont communs aux États membres », peut demander à devenir membre de l'Union européenne. Les critères d'adhésion à l'Union (dits « de Copenhague », 1993) détaillent les obligations des pays candidats, sur les plans politique, économique et juridique.

Dès 1973, la CEE accueille avec l'Irlande un pays dont le niveau de développement est nettement plus faible que celui des pays membres (l'Irlande deviendra trois décennies plus tard le deuxième pays le plus riche de l'Union). Ce sera aussi le cas, dans les années 1980, de l'Espagne, du Portugal et de la Grèce. L'effondrement final de l'Union soviétique conduit de 1990 à 1996 douze pays à déposer une demande d'entrée à l'Union européenne : Chypre, Estonie, Hongrie, Pologne, République tchèque, Slovénie, Bulgarie, Lettonie, Lituanie, Malte, Roumanie, Slovaquie. Ils entreront finalement tous dans l'Union, en deux vagues successives, en 2004 et 2007 (la Croatie complétera la distribution européenne en 2013).

L'élargissement de 2004 (et dans une moindre mesure celui de 2007) est un succès pour les nouveaux États membres (NEM) et donc pour l'UE dans son ensemble. En rythme annuel, la croissance dans les NEM a été forte (de l'ordre de 5,6 % de 2004 à 2008), l'inflation a été divisée par deux (pour atteindre 4 % en moyenne en 2008), le commerce international s'est développé et le chômage a reculé (il n'était plus que de 7,6 % en 2007). Alors que le niveau de vie était de 40 % en moyenne par rapport aux pays de l'UE 15, il atteint 51,7 % en 2008, la Roumanie et la Bulgarie n'atteignant qu'un quart du niveau occidental, mais la République tchèque et la Slovénie ayant un écart plus faible que celui du Portugal vis-à-vis de l'UE 15. Les flux migratoires, sans être négligeables, n'ont pas atteint, loin s'en faut, les niveaux redoutés avant l'élargissement. Quelque 2 millions de citoyens est-européens (surtout bulgares et roumains) se sont établis à ce jour dans un pays de l'UE 15 (surtout au Royaume-Uni et en Espagne).

L'indéniable rattrapage économique de l'Est s'est cependant accompagné de la formation d'importants déséquilibres. D'abord au niveau intranational, où les disparités régionales se sont accrues de façon importante (surtout en Slovaquie). De plus, d'importants déficits de la balance courante se sont formés (qui atteignent 6 % en moyenne sur la période 2004-2008), et les secteurs de la construction et de la finance ont vu se former et grossir des bulles spéculatives nourries par d'importants flux d'investissements directs à l'étranger et de banques ouest-européennes (notamment autrichiennes, belges et suédoises). Depuis l'accélération de la crise financière à l'automne 2008, certains nouveaux États membres se sont ainsi retrouvés en grande difficulté du fait de leur dépendance aux flux commerciaux et financiers internationaux. La Hongrie et la Lettonie ont sollicité et obtenu un soutien financier important du FMI et de l'UE.

Par ailleurs, du fait des élargissements successifs, les modèles sociaux européens sont très disparates : le « modèle social européen », parfois vanté ou vilipendé dans les discours, n'existe pas dans les faits, les « familles sociales » européennes se différencient nettement en termes de mode de financement, de prise de décision ou encore de logique assurantielle (on distingue ainsi, à partir de la partition classique entre modèles « bismarckiens » et modèles « beveridgiens », au moins quatre ou cinq types de régimes sociaux parmi les vingt-huit pays qui forment aujourd'hui l'Union européenne).

Enfin, si les disparités socioéconomiques ont tendance à graduellement se réduire entre les États membres, s'ajoute à cette dynamique de convergence internationale un mouvement de divergence intranationale par lequel les régions des différents pays européens se différencient nettement en termes de revenu par habitant. Selon Eurostat, au sein des régions dites « NUTS 2 » en 2011, le PIB par habitant exprimé en standard de pouvoir d'achat allait de 321 % de la moyenne de l'UE 28 dans l'*Inner London* à 29 % dans la région nord-est de la Roumanie, soit un facteur de 11 pour 1 (compte tenu des différences de niveaux de prix).

Le traité de Rome mentionne d'ailleurs dans son préambule la volonté des Six de « renforcer l'unité de leurs économies et d'en assurer le développement harmonieux, en réduisant l'écart entre les différentes régions et le retard des moins favorisées ». C'est pourquoi l'UE s'est dotée (à partir de 1988) d'outils de correction des inégalités spatiales, souvent pour lutter contre les effets de sa propre intégration économique. Le Fonds de cohésion et les fonds structurels servent ainsi à cofinancer dans les États membres des interventions régionalisées ou nationales. Mais cette solidarité budgétaire européenne est encore trop faible, comme l'illustre la modestie du budget européen (les régions qui bénéficient du Fonds de cohésion ont un PIB moyen par habitant inférieur à 75 % de la moyenne de l'UE 28. Au total, 76 régions NUTS 2 entraient dans cette catégorie en 2011).

En dépit du succès de 2004, l'élargissement de l'Union européenne paraît avoir atteint une limite, que certains illustrent par l'idée d'un épuisement de l'élargissement (*enlargement fatigue* en anglais). En mai 2006, Olli Rehn, commissaire en charge de l'Élargissement, estimait que la « capacité d'absorption » de l'Union consistait à déterminer « si l'UE peut accepter de nouveaux membres et continuer à fonctionner efficacement ». Une nette majorité d'États membres s'opposent aujourd'hui à l'intégration de la Turquie dans l'UE, qui se verrait plutôt proposer un partenariat privilégié, contrairement aux engagements pris ces dernières décennies.

Quatre désintégrations européennes

Le projet économique européen, qui est le cœur et le moteur du projet européen tout entier, est aujourd'hui menacé de quatre désintégrations en partie déjà à l'œuvre.

La première désintégration concerne celle de la communauté des citoyens européens. Après six années de crise, les Européens ne sont pas devenus hostiles à l'Union européenne, mais ils ne sont pas satisfaits de ses performances économiques et ils sont inquiets pour leur avenir et celui de leurs enfants (tableau 4). Les données les plus récentes du Pew Research Center (printemps 2016) indiquent que les citoyens qui portent un jugement défavorable sur l'Union européenne sont désormais majoritaires en France, au Royaume-Uni ou en Espagne. La progression de mouvements extrémistes ouvertement hostiles à l'Union européenne un peu partout sur le continent, de la France à la Hongrie, est le symptôme le plus évident de cette désintégration politique.

Tableau 4. **Une adhésion fragile à la construction européenne**
En % d'opinions favorables en 2014

	Opinion favorable de l'UE	**L'intégration économique européenne a renforcé l'économie**	**La situation économique va s'améliorer au cours des douze prochains mois**	**Les enfants auront une meilleure situation financière que leurs parents**
Pologne	72	53	16	34
Italie	64	11	23	15
Espagne	63	43	42	31
Allemagne	58	59	25	34
France	55	31	20	14
Royaume-Uni	51	49	38	25
Médiane	61	46	24	28

Source : Pew Research Center [2015].

La deuxième désintégration, nettement moins menaçante mais bien plus médiatisée, a trait à la sortie progressive du Royaume-Uni de l'UE à partir de mars 2017, après le vote en faveur du Brexit (contraction de *Britain exit*) de juin 2016. Il n'est évidemment pas anodin que, après des décennies d'élargissement, la décision britannique conduise au premier rétrécissement de l'Union européenne. Mais le Brexit est d'abord un problème pour le Royaume-Uni, y compris pour son unité politique, et constitue à vrai dire une chance pour les bientôt vingt-sept de redéfinir les termes du contrat qui les unit.

La troisième désintégration tient à l'avenir incertain de l'euro. Certes, le pire est passé, notamment grâce à l'intervention décisive de la Banque centrale européenne en juillet 2012 et au scénario certes chaotique, mais finalement stabilisateur de l'été 2015, mais d'autres crises pourraient venir mettre à l'épreuve les trop faibles progrès accomplis par le gouvernement économique de l'Union monétaire.

Enfin, le risque de fragmentation territoriale apparaît très sérieux, compte tenu de la montée en puissance des régions et des métropoles européennes et de la vigueur de certaines revendications autonomistes, comme en Catalogne ou dans le nord de l'Italie : il s'agit là du succès paradoxal du marché unique.

De ces quatre crises, la crise de la communauté des citoyens européens est assurément la plus sérieuse.

Conclusion : la paix, et d'abord au sein des nations européennes

En 2012, en attribuant le prix Nobel de la paix à l'Union européenne, le comité Nobel norvégien fit remarquer que, bien que « l'UE subisse de graves difficultés économiques et des troubles sociaux considérables, le comité Nobel souhaite mettre l'accent sur ce qu'il considère comme le résultat le plus important de l'UE : son rôle stabilisateur qui a contribué à transformer l'Europe d'un continent de guerre en un continent de paix ». Tel est, en effet, le bien commun le plus précieux que les Européens partagent, mais ce maintien de la paix suppose d'abord et surtout la paix sociale à l'intérieur des frontières des États membres. L'Union européenne doit s'inquiéter bien plus qu'elle ne le fait de la crise politique ouverte par une crise économique et sociale qui tarde beaucoup trop à finir.

Repères bibliographiques

Laurent E. et Le Cacheux J., *Report on the State of the European Union. Is Europe Sustainable ?* Palgrave-MacMillan, Londres, 2015.

Pew Research Center, « Faith in European project, but... », juin 2015.

III / La politique industrielle européenne, petite sœur de la politique de concurrence

Sarah Guillou

Il est courant d'opposer politique industrielle et politique de concurrence comme si elles étaient les deux faces d'une même pièce de la politique européenne. L'esprit qui les sous-tend est en effet *a priori* peu compatible : la première exige l'intervention de l'État dans l'économie, ce que pourchasse la seconde. La réalité est moins tranchée et les deux politiques s'articulent dans l'espace et le temps européens en relation avec les contraintes économiques et le projet européen. La politique de concurrence se définit comme l'ensemble des dispositifs permettant de contrôler et réguler le degré de concurrence sur un marché. La politique industrielle regroupe les dispositifs qui visent à orienter la spécialisation sectorielle ou technologique de l'économie.

Conséquence directe du projet du marché commun, la politique de concurrence est dominante en Europe et de nombreuses tentatives de politique industrielle se sont brisées sur l'autel des articles 57 et 87 du traité des communautés européennes (et à présent article 107 du traité sur le fonctionnement de l'Union européenne) qui instituent la concurrence en régime général (I). En pratique, les deux politiques sont clairement complémentaires dans l'Union européenne, et l'espace accordé à la politique industrielle se déploie grâce au régime d'exceptions de la politique de concurrence (II). Très contrainte dans le champ européen, la dimension sectorielle de la politique industrielle trouve alors son expression dans la politique commerciale (III).

La concurrence érigée en régime général dans l'Union européenne

Fondement du marché commun, le respect et le contrôle de la concurrence des marchés sont un principe général qui sous-tend toutes les politiques européennes. Plus fondamentalement, la concurrence est assimilable à un principe *constitutionnel* de l'Union européenne [Fréget, 2015]. Elle permet de définir l'espace européen, l'espace commun. Sans ce principe, il n'y a plus d'espace, il n'y a plus d'Europe. L'espace dont il est question est un espace économique, mais c'est sur celui-ci que s'est érigé le pouvoir politique européen. Pour qu'un espace économique commun existe, il faut contrôler la concurrence entre les États. Donc, en amont du contrôle de la concurrence entre entreprises, le droit de la concurrence européen se construit pour contrôler la concurrence économique entre les États. Il s'agit en effet d'empêcher que les États adoptent des politiques qui créent des avantages pour les entreprises de leur territoire qui seraient discriminants à l'égard des entreprises des autres États.

Au sein de la Commission européenne, la direction de la concurrence a donc une responsabilité et un poids importants. Le contrôle de la concurrence s'exerce à travers le contrôle des ententes et des fusions d'une part, le contrôle des aides d'État d'autre part.

Concernant le contrôle des ententes ou autres abus de position dominante, le droit de la concurrence s'exerce *ex post* afin de protéger consommateurs et concurrents de comportements prédateurs et de pratiques de prix abusives. Nous ne nous attarderons pas sur ce contrôle qui ne s'oppose pas à la définition de la politique industrielle. En revanche, le contrôle des fusions peut apparaître comme contraire à une politique industrielle qui valorise des champions nationaux ou européens ; les critiques à l'égard de ce contrôle défendent souvent cet argument. Le contrôle des concentrations s'est développé à partir de la deuxième moitié des années 1980 en parallèle avec l'augmentation de la taille des fusions et des opportunités de rapprochements européens, fruits de la réussite du marché unique. Depuis un règlement de 1989 (n° 4069/89), le contrôle se fait *a priori*, c'est-à-dire que les projets de rapprochement entre entreprises doivent être notifiés à la Commission tout comme ils sont notifiés auprès d'autres autorités étrangères selon le champ d'action de la nouvelle entité

[Fréget, 2015]. L'application de ce contrôle a évolué depuis l'affaire marquante de la fusion Schneider-Legrand, dont la décision d'interdiction en 2001 avait été cassée par la Cour de justice européenne. De plus en plus, les projets de fusions-acquisitions font l'objet de négociations entre l'entreprise et la Commission européenne, et se concluent par des concessions d'activités. C'est ainsi que le rachat de la branche énergie d'Alstom par l'Américain General Electric en 2015 s'est accompagné de cessions d'une partie des activités dans les turbines à gaz à l'Italien Ansaldo Energia. La Commission a acquis par ce contrôle un rôle actif dans la structuration du marché, c'est un super-pouvoir, mais depuis les années 1990, moins de 1 % des concentrations notifiées ont conduit à un veto de la Commission.

Le contrôle européen des aides est en revanche l'exercice permanent de surveillance de la concurrence non faussée dans l'espace européen. C'est un outil pour veiller à l'existence d'une concurrence effective et pour contrôler les distorsions de concurrence induites par des avantages accordés par un État membre à ses entreprises. La lutte contre une course au « plus-disant » en termes de subventions est donc l'objet de ce contrôle. C'est ainsi que, dès l'article 87, paragraphe 1 du traité instituant la Communauté européenne, les aides d'État sont jugées incompatibles avec le marché commun, et l'article 88 donne pour mandat à la Commission de contrôler ces aides. Mais l'article 87 précise également les critères qui rendent les aides « contrôlables » par la Commission.

Une politique de soutien sera jugée comme relevant du contrôle de la Commission si : 1) elle implique une aide spécifique (l'aide n'est pas versée à l'ensemble des entreprises ou des ménages, comme une baisse générale des impôts) ; 2) la politique de soutien engage les finances publiques de l'État, qu'il s'agisse de subventions directes, de prêts bonifiés, de crédit d'impôt, de fournitures matérielles... ; 3) le soutien offre un avantage spécifique à des entreprises, une industrie, ou une région (dont elles n'auraient pas bénéficier sans l'intervention de l'État) ; 4) le soutien crée une distorsion de concurrence et pourrait affecter le commerce entre les États membres. La règle *de minimis* exempte les aides de montants peu élevés.

Les aides aux entreprises sont soumises au visa de la Commission si elles dépassent 200 000 euros et n'entrent pas dans l'ensemble des dispositifs dérogatoires décidés par l'UE. Les mesures d'aides ne pourront être mises en œuvre qu'une fois obtenue l'approbation de la Commission. Celle-ci a le pouvoir de recouvrer des aides déjà versées mais jugées incompatibles avec les règles de l'UE. C'est la Direction de la concurrence qui exerce ce contrôle, à l'exception des aides concernant l'Agriculture et la Pêche qui sont sous le contrôle de leurs directions respectives. Tant les entreprises que les consommateurs peuvent saisir la Commission. La législation est en permanence ajustée aux circonstances conjoncturelles. Cela a été le cas au moment de la crise financière. Tout récemment, la Commission a assoupli son régime d'aides aux petits aéroports régionaux où transitent moins de 700 000 passagers.

La majeure partie des aides examinées sont autorisées. Les statistiques fournies par la Commission européenne montrent qu'en effet 88 % des notifications relevant de l'industrie et des services conduisent à la conclusion que la mesure de soutien en question ne relève pas de la définition d'aide publique ou ne soulève aucune objection. À celles-ci s'ajoutent 5 % de décisions positives et 1 % de décisions conditionnelles. On atteint presque 95 %. Le solde regroupe des mesures de soutien qui sont refusées par la Direction de la concurrence, soit 251 décisions depuis 2000, représentant 22 décisions en moyenne annuelle refusées de 2000 à 2007 contre 12 décisions de 2008 à 2013.

Concernant la France, le pourcentage d'aides refusées sur celles accordées est conforme à la moyenne européenne. Bien sûr, il y a eu quelques décisions retentissantes, comme lorsque EDF s'est vu infliger le remboursement de 1,4 milliard d'euros en 2015 à la suite d'une aide fiscale remontant à 1997. Mais, par ailleurs, la Commission a récemment accordé l'entrée de l'État au capital de PSA (2015). La France a été jugée agir comme un investisseur privé au même titre que l'entreprise chinoise Donfeng, entrée simultanément au capital de Peugeot. De même, la Commission a autorisé le partenariat public-privé qui sous-tend la construction de la centrale nucléaire de Hinkley Point en Grande-Bretagne. Plus récemment, la décision du gouvernement français d'abonder le carnet de commandes d'Alstom pour lui éviter la fermeture de son site de Belfort pourrait bien être examinée par la Commission européenne.

Une évolution récente de l'usage de ce contrôle est à noter. La régulation des aides d'État a été mobilisée pour examiner les situations d'accords fiscaux négociés par des entreprises auprès de certains gouvernements comme l'Irlande, le Luxembourg ou les Pays-Bas. Mettant en situation de privilège certaines entreprises au détriment de leurs concurrents, ces accords fiscaux créent non seulement des distorsions de concurrence mais également une concurrence entre les États pour attirer les profits et emplois des grands groupes multinationaux. C'est ainsi qu'en octobre 2016 la commissaire à la Concurrence, Margrethe Vestager, a qualifié, après investigation, d'aide d'État non autorisée l'accord fiscal dont a bénéficié Apple en Irlande et en conséquence a exigé que le gouvernement irlandais récupère 13 milliards d'euros auprès de la société Apple. Cet usage de la régulation des aides publiques est un tournant de la politique de concurrence, non pas en ce qu'il laisserait plus de place à la politique industrielle, mais en ce qu'il rappelle que l'objet de la politique de concurrence est de veiller à contrôler la concurrence entre les États qui rompraient l'idée du marché commun. La décision du gouvernement irlandais de faire appel auprès de la Cour européenne de justice de la décision de la Commission illustre la position inconfortable du gouvernement qui est l'auteur de l'aide. L'aide est ici, comme dans la majorité des cas, la contrepartie plus ou moins tangible de promesses d'activités économiques, voire de création d'emplois. Est-il possible d'interpréter l'accord fiscal comme une forme de politique industrielle irlandaise qui souhaite développer ce type d'emploi technologique dans son pays ? On saisit toute la limite d'un tel argument dès lors qu'à l'évidence c'est moins la nature de l'emploi qui est visée que la rentabilité financière de l'entreprise. Avec certitude, cette politique est un comportement de passager clandestin vis-à-vis de l'Europe.

La politique industrielle s'exprime dans les exceptions de la politique de concurrence

Il faut reconnaître que, si la politique de concurrence est bien définie au niveau européen, il existe beaucoup d'acceptions de la politique industrielle en Europe, presque autant qu'il y a de membres. Il est donc plus difficile de trouver les compromis politiques préalables à la définition d'une telle politique. De plus, les logiques institutionnelles mais aussi économiques ne sont pas les mêmes. Comme on l'a dit, la politique de concurrence a un fort ancrage institutionnel, ce qui n'est pas le cas de la politique industrielle. Même si la Communauté économique du charbon et de l'acier a été à l'origine des communautés européennes, la politique industrielle n'est pas au cœur du projet européen. De plus, la logique économique est différente, la politique de concurrence se définit en référence à l'espace (le marché pertinent), alors que la politique industrielle ne se comprend qu'en intégrant le cycle de vie des entreprises et des industries, et donc en référence au temps. Les perspectives sont donc différentes. Dans une acception partagée, la politique industrielle se définit, comme on l'a dit plus haut, comme une politique qui vise à orienter la spécialisation sectorielle et/ou technologique de l'économie. Il est donc aisé de saisir la dépendance d'une telle politique aux préférences nationales. L'outil privilégié par les États pour exprimer cette politique est les aides aux entreprises, qu'il s'agisse d'aides directes ou indirectes.

Les aides d'État sont classées en fonction de quinze objectifs qui vont de la « conservation de l'héritage » aux aides à la « recherche et développement et à l'innovation ». Les sept postes les plus alimentés en pourcentage de l'aide totale sont, pour l'ensemble de l'UE : la protection environnementale (dont les aides aux économies d'énergie), les aides régionales et les aides à la R&D et à l'innovation. Viennent ensuite les postes : aides à l'agriculture, développement des secteurs, aides aux PME et aides sociales aux consommateurs. Les instruments les plus utilisés sont les subventions directes et les exemptions de taxes. Les montants mobilisés sont loin d'être négligeables, ils sont en 2014 par exemple de 15 milliards d'euros pour la France et de 39 milliards d'euros pour l'Allemagne. L'augmentation des aides en 2014 est largement due à l'augmentation des aides aux énergies renouvelables en conséquence de l'adoption de la révision des règles concernant ce type d'aide en 2014 [Bougette et Charlier, 2016]. L'Allemagne est le pays qui a le plus contribué à cette augmentation. Le soutien des énergies renouvelables est en effet au cœur de sa politique industrielle.

La politique industrielle européenne se déploie dans les dérogations à l'application du contrôle des aides. Ces dérogations sont énoncées dans le règlement général d'exemption par catégorie. Le nouveau règlement, adopté en 2008, a clarifié les cas où aucune notification n'est nécessaire dans un souci de simplification du contrôle et de réduction des lourdeurs administratives. Les blocs d'exemption sont nombreux. Ces exemptions gravitent autour des cinq thèmes suivants : l'innovation et la R&D, le développement durable, la compétitivité de l'industrie de l'UE, la création d'emplois, et la cohésion sociale et régionale. On voit là que, par le régime des exemptions, le contrôle est également l'expression des choix politiques européens orientant les aides publiques et donc orientant les ressources publiques vers des utilisations en conformité avec ces choix. Ces choix sont le fruit d'un consensus qui dessine la politique industrielle. Les postes d'aides les plus alimentés sont principalement la R&D et la protection environnementale. Ces deux postes sont conformes aux objectifs technologiques H2020 de l'Agenda de Lisbonne et aux objectifs de réduction des émissions de CO_2. Remarquons qu'ils sont cohérents avec une justification économique reposant sur les défaillances de marché. Les défaillances sont issues des externalités négatives de la pollution et positives de la R&D sur la société. Concernant la R&D, l'asymétrie d'information qui pèse sur le rendement de ce type d'investissement crée également des carences de financement que peut combler l'aide publique.

Il existe donc bien une politique industrielle européenne qui est le fruit d'un étroit consensus relatif au futur de l'économie européenne. En deux mots, l'économie européenne sera technologique et durable. Cette politique n'a certes pas de budget propre et elle n'est pas de nature sectorielle ni ne s'attache à développer des champions nationaux. Elle manque sans aucun doute d'engagements plus précis en matière de technologie du futur dans l'objectif de mutualiser les forces et les intelligences européennes. Par exemple, en matière de voitures électriques, on pourrait envisager un engagement plus collectif et harmonisé des États membres dans les infrastructures et les standards afin d'encourager les investissements des entreprises. Les actions en faveur de certains secteurs ne se matérialisent aujourd'hui qu'à travers la politique commerciale.

La politique industrielle s'exprime dans les actions défensives de la politique commerciale

La politique industrielle européenne s'exprime principalement au travers de politiques de nature « transversale ». Elle ne cible pas des secteurs afin de ne pas créer de distorsions entre les pays. La politique industrielle sectorielle est donc *a priori* exclue sauf en cas de circonstances exceptionnelles. Par exemple, au moment de la crise financière de 2008, le secteur automobile a été soutenu par un grand nombre de pays européens. La régulation européenne temporaire des aides publiques a été ajustée pour permettre de soutenir les constructeurs automobiles.

En dehors de ces circonstances exceptionnelles, les politiques sectorielles s'expriment dans les actions défensives de la politique commerciale européenne. Cette dernière est une prérogative du pouvoir européen car la politique commerciale se définit vis-à-vis des pays extérieurs à l'UE. L'UE est l'instance qui négocie les traités commerciaux au nom des membres de l'Union européenne. Le principe général de cette politique est celui d'un tarif extérieur commun et du respect des règles de l'Organisation mondiale du commerce, et donc de l'abaissement des barrières douanières. Cependant, dans le cadre de ce respect, elle a pris des mesures antidumping à l'égard des importations principalement chinoises dans deux secteurs majeurs : le secteur des industries solaires et le secteur de l'acier. On peut y voir l'expression d'une politique industrielle défensive sectorielle. Remarquons qu'ici c'est au nom d'une concurrence étrangère « déloyale » que se justifie la politique industrielle. L'objectif est bien cependant de défendre des secteurs.

Le secteur des industries solaires

En conséquence de choix énergétiques en faveur des énergies renouvelables, la production d'énergie solaire a bénéficié de soutiens publics massifs dans de nombreux pays. La Chine, tout comme l'Europe, a fortement soutenu son industrie, au point de devenir aujourd'hui le premier producteur mondial de panneaux solaires [Guillou, 2013]. La compétitivité des Chinois est sans égale mais est très contestée, les exportateurs étant accusés de dumping, c'est-à-dire de vendre en dessous du coût de production. Comme les États-Unis, l'UE a mis en place des droits de douane sur les importations de cellules et modules chinois. En juin 2013, la Commission a décidé d'imposer un droit de douane de 11,2 % sur les cellules et panneaux solaires tout en menaçant de le faire grimper si la Chine ne modifiait pas sa position en termes de prix. La mesure, prévue pour une durée de deux ans, a été reconduite en 2015, portant le droit à 75,4 %. Elle prévoit aussi un prix minimum d'importation qui permet aux exportateurs chinois d'échapper au tarif. Cette politique commerciale a pour objectif de protéger les producteurs européens (regroupés au sein de l'association ProSun menée par l'institut allemand SolarWorld) de la concurrence de la production chinoise. Mais elle pénalise les entreprises qui installent les panneaux solaires et les fabricants de panneaux à partir de composants chinois, et ralentit le développement du solaire. Les associations de défense des énergies renouvelables se sont d'ailleurs manifestées en octobre 2016 auprès de la commissaire chargée du Commerce pour lever les barrières. Il est assez manifeste que cette politique est en contradiction avec les politiques de promotion de l'énergie solaire (qui est facilitée par des panneaux solaires à bas coût), et la Commission européenne aura un arbitrage difficile à faire.

Le secteur de l'acier

Dans ce secteur également, la production chinoise est venue bouleverser la concurrence entre les acteurs. La production chinoise a doublé de volume entre 2000 et 2014. La Chine produit près de 50 % de l'acier mondial, soit environ 800 millions de tonnes d'acier. Si on inclut l'Europe à 28 comme entité, alors celle-ci prend la deuxième place avec 10 % de la production mondiale. Mais le ralentissement de l'économie chinoise et la forte inertie des capacités de production dans la sidérurgie ont créé de larges excédents de capacités que les autorités tentent aujourd'hui de réduire. Les besoins nationaux de la Chine sont de l'ordre de la moitié de sa production, donc elle en exporte l'autre moitié. Les excédents de capacité sont dirigés vers les marchés étrangers à bas prix pour être écoulés, les exportateurs chinois ne se privant pas de brader leurs produits sidérurgiques. Ainsi les exportations de la Chine en Europe sont passées de 45 millions de tonnes en 2014 à 97 millions de tonnes en 2015, plus que la production allemande de 43 millions de tonnes.

Le secteur de l'acier a historiquement bénéficié de soutiens publics et la Direction de la concurrence est très attentive aux distorsions de concurrence. Elle a récemment ouvert une enquête sur les aides italiennes (de 2 milliards d'euros) au sidérurgiste Ilva et a exigé de la Belgique qu'elle rembourse 211 millions d'euros d'aides versées au sidérurgiste Duferco. Mais en parallèle, des mesures de rétorsion commerciale antidumping ont été mises en place. Des droits antidumping provisoires, jusqu'à 25,2 % sur les importations de certains produits d'acier de la République de Chine, et des droits jusqu'à 12 % sur les importations en provenance de Taiwan à la suite d'une plainte d'EUROFER (l'association européenne de l'acier) ont été imposés en mai 2014. L'enquête de la CE aura finalement conclu que la Chine et Taiwan vendaient à des prix de dumping. Des droits antidumping provisoires (entre 13 et 26 %) ont été également décidés le 12 février 2016 (plainte de 2015) à l'égard de la Chine et de la Russie. Au final, une trentaine de mesures antidumping protègent la sidérurgie européenne, mais les États membres dont le secteur est particulièrement affecté par la concurrence chinoise appellent à une intensification des mesures. Les responsables politiques s'insurgent contre les exportations à perte de la Chine et réclament des mesures européennes. Ils envient les mesures américaines qui sont prises plus rapidement et qui ne lésinent pas sur les montants des droits : les Américains ont imposé des droits jusqu'à 236 %. Or la nature de ces mesures dépend du statut économique accordé à la Chine : les mesures antidumping ne se définissent pas de la même manière selon que l'État d'origine est ou n'est pas une économie de marché. Tant que la Chine n'est pas une économie de marché, on suppose qu'elle soutient fortement ses secteurs, et il est plus facile de montrer que ses prix ne sont pas des prix de marché pour justifier des politiques antidumping. La décision qui sera prise à l'égard du statut de la Chine (attendue le 11 décembre 2016) aura un impact sur l'avenir de l'industrie européenne et, à ce titre, elle est un élément de la politique industrielle.

Conclusion

Politique industrielle et politique de concurrence sont donc imbriquées dans la légalité européenne. Il apparaît que, étant donné la primauté du principe de concurrence, pilier des fondements européens, la politique de concurrence est le chef d'orchestre des politiques microéconomiques. Dans le respect du projet européen, les contraintes économiques et les orientations sociétales font évoluer la définition des dérogations au contrôle des aides qui permettent l'expression de la politique industrielle. Cette dernière est donc bien la petite sœur de la politique de concurrence, celle à qui on accorde un espace de jeu, celle que l'on guide et que l'on surveille. Elle reste subordonnée à la politique de concurrence. Dans ce cadre, la politique industrielle européenne est principalement centrée sur l'innovation et la R&D d'une part et la politique de soutien aux énergies renouvelables d'autre part. Mais c'est principalement une politique d'orientation et non une politique de moyens.

Reste que, dans ses orientations, des contradictions d'objectifs peuvent apparaître qui en amoindrissent les effets. Politique de concurrence, politique industrielle et politique commerciale doivent être élaborées de concert. Une Direction de la concurrence augmentée devrait inclure une dimension de politique industrielle et de politique commerciale. Si le contrôle très strict de la concurrence était une évidente priorité dans la phase de la construction du marché unique, alors que l'essentiel de la concurrence se faisait entre pays développés, il est aujourd'hui urgent de repenser l'articulation entre les trois politiques afin de consolider le futur de l'industrie européenne. Le corpus réglementaire et législatif qui gouverne la définition de la politique industrielle peut évoluer. Il importe que les États interviennent uniquement dans son respect afin de garantir la continuité du projet européen. En revanche, rien ne les empêche de faire évoluer ce corpus.

Repères bibliographiques

Bougette P. et Charlier C., « La difficile conciliation entre politique de concurrence et politique industrielle : le soutien aux énergies renouvelables », *Revue économique*, vol. 67, hors-série, février 2016, p. 185-200.

Buigues P.-A., « La politique industrielle en Europe », *Reflets et perspectives de la vie économique*, n° 1, 2012, p. 67-76.

Fréget O., *La Concurrence, une idée toujours neuve en Europe et en France*, Odile Jacob, Paris, 2015.

Guillou S., « Le crépuscule de l'industrie solaire, idole des gouvernements », *Les Notes de l'OFCE*, n° 32, 6 septembre 2013.

IV/ La Banque centrale européenne et le carcan budgétaire

Jérôme Creel et Fabien Labondance

La zone euro s'est construite sur une logique opposant la politique budgétaire menée par les gouvernements à la politique monétaire menée par la Banque centrale européenne (BCE). Cette dernière voit son objectif de stabilité des prix être protégé des conséquences potentiellement inflationnistes de déficits et de dettes publics excessifs par l'instauration dans les traités de règles budgétaires contraignantes pour les États, y compris ceux qui n'ont pas adopté l'euro. Cette architecture institutionnelle inédite a montré ses limites depuis la crise car elle a bridé la reprise de la zone euro. Si la BCE s'est révélée pragmatique durant la crise, prenant de nouvelles responsabilités en termes de stabilisation financière, elle n'en demeure pas moins focalisée sur l'objectif de stabilité des prix. Quant aux politiques budgétaires, elles se sont laissé enfermer dans un carcan réglementaire qui conduit à nier leur efficacité en termes de stabilisation et de relance économiques. Les flexibilités récemment introduites restent limitées et ne remettent pas en cause le dogme de la discipline budgétaire.

La Banque centrale européenne : primauté à la stabilité des prix

Conjointement, la BCE et les banques centrales nationales appliquent la politique monétaire décidée collectivement pour les dix-neuf États membres de la zone euro. Cette organisation porte le nom de Système européen de banques centrales (SEBC).

Les décisions de politique monétaire au sein du Conseil des gouverneurs se prennent dans le cadre du mandat assigné par les traités européens. Celui-ci, décrit dans l'article 127 du traité de fonctionnement de l'Union européenne (TFUE)[1], consacre un objectif prioritaire : le maintien de la stabilité des prix. La BCE se distingue d'autres grandes banques centrales en hiérarchisant ses objectifs, à la différence, par exemple, de la Banque centrale américaine qui met sur un même plan la stabilité des prix et le soutien à l'activité. Ce deuxième objectif est également assigné à la BCE, mais seulement s'il ne vient pas contrarier la stabilité des prix. De plus, la BCE doit mener à bien certaines missions fondamentales, dont la « promotion du bon fonctionnement des systèmes de paiement ».

Pour respecter son mandat, la BCE bénéficie d'une indépendance très forte. Les dirigeants, bien que nommés par le pouvoir politique, le sont pour un mandat de huit ans, non renouvelable. Une fois en place, ils ne doivent « ni solliciter ni accepter » des instructions ou des recommandations venant d'une autre institution européenne ou d'un gouvernement. De plus, la règle de non-renflouement (*no bail-out*) interdit le financement monétaire des déficits publics.

La BCE a annoncé, dès 1998, fonder sa stratégie sur trois éléments. Tout d'abord une définition opérationnelle de la stabilité des prix. Elle a alors décidé de cibler une inflation légèrement inférieure à 2 %, calculée par l'intermédiaire de l'indice des prix à la consommation harmonisé (IPCH). Pour atteindre ce but, deux piliers analytiques sont pris en compte : un premier qui consiste à donner une valeur de référence à la croissance de la masse monétaire, tandis qu'un second prend en compte plusieurs indicateurs des tensions inflationnistes (croissance du PIB, coûts salariaux, taux de change, tensions sur les capacités de production). La BCE a progressivement réévalué sa stratégie pour aboutir, en 2003, à une inversion de ces deux piliers, puis à leur fusion.

Les taux d'intérêt directeurs sont les instruments qualifiés de « conventionnels » dont dispose la BCE. Par leur intermédiaire,

---

1 L'article 127 du TFUE précise : « [L]'objectif principal du SEBC est de maintenir la stabilité des prix. Sans préjudice de l'objectif de stabilité des prix, le SEBC apporte son soutien aux politiques économiques générales dans l'Union, en vue de contribuer à la réalisation des objectifs de l'Union [...]. »

l'objectif est d'orienter le marché interbancaire de façon à ce que les banques commerciales disposent de liquidités à un taux proche du taux d'intérêt principal. C'est par ce canal du taux d'intérêt que la politique monétaire cherche à contrôler l'activité économique et, *in fine*, l'inflation. La BCE décide de trois taux d'intérêt directeurs. Il y a tout d'abord le taux principal des opérations de refinancement hebdomadaire (MRO pour *Main Refinancing Operations*). La BCE fournit chaque semaine des liquidités aux banques en échange de titres publics ou privés utilisés comme collatéraux. Ces liquidités ont une échéance d'une semaine. Cette procédure est appelée « opérations d'*open market* ». Ainsi, la BCE contrôle à la fois les quantités et le prix des liquidités qu'elle injecte dans le système interbancaire. De part et d'autre du taux MRO existent les facilités permanentes. Elles permettent d'accorder des crédits supplémentaires (qualifiés de marginaux) aux banques commerciales qui n'auraient pas suffisamment de liquidités ou d'effectuer des dépôts marginaux auprès de la BCE dans l'éventualité où les banques commerciales disposeraient de liquidités excédentaires. Le taux de dépôt marginal est situé en deçà du taux MRO et le taux de prêt marginal est quant à lui supérieur au taux MRO. Le graphique 1 présente les évolutions de ces taux directeurs depuis la mise en place de la zone euro en 1999. Ce graphique présente également le taux Eonia, qui est un taux au jour le jour du marché interbancaire.

L'occurrence de deux crises à partir de 2007 va modifier la politique monétaire de la BCE et la contraindre à intégrer les questions liées à la stabilité financière[2].

La première crise est une crise bancaire qui débute en août 2007. Ceci est illustré par le graphique 2 qui montre notamment l'évolution de l'écart de taux (le *spread*) sur le marché interbancaire entre le taux à trois mois (Euribor) et le taux à une semaine (OIS). L'accentuation de l'écart entre ces taux indique une augmentation de la prime de risque et donc une baisse de la confiance sur le marché interbancaire. Cela révèle les dysfonctionnements sur ce marché et la montée de l'instabilité

2 La stabilité financière est mentionnée dans les traités européens par l'intermédiaire de l'article 127 (5) du TFUE : « Le SEBC contribue à la bonne conduite des politiques menées par les autorités compétentes en ce qui concerne le contrôle prudentiel des établissements de crédit et la stabilité du système financier. »

Graphique 1. **Les outils conventionnels de la BCE**
Taux d'intérêt, en %

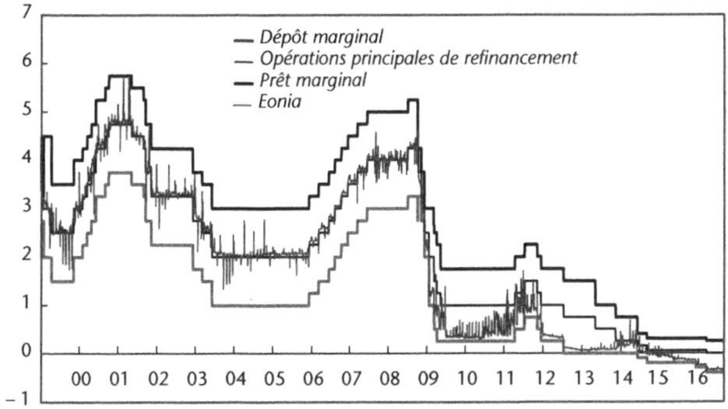

Source : BCE.

financière. Le *spread* Euribor-OIS croît considérablement à l'été 2007 (graphique 2) mais, de son côté, la BCE continue son cycle de montée des taux d'intérêt (graphique 1). Cela s'explique par le respect par la BCE du principe de séparation inspiré de Tinbergen : à chaque objectif un outil spécifique. L'outil des taux d'intérêt est alors réservé à la stabilité des prix, et l'objectif de stabilité financière est atteint par des interventions de marché qui apportent de la liquidité [Bordes et Clerc, 2010]. La BCE intervient alors en injectant 95 milliards d'euros supplémentaires. Elle accentue également ses opérations de refinancement à long terme (LTRO pour *Long Term Refinancing Operations*). Ces diverses mesures permettent une stabilisation des taux sur le marché interbancaire jusqu'en septembre 2008.

À la suite de la faillite de la banque Lehman Brothers, le 15 septembre 2008, d'importantes tensions sont apparues sur le marché interbancaire de part et d'autre de l'Atlantique. Le principe de séparation est remis en cause par la décision conjointe des grandes banques centrales d'abaisser leurs taux d'intérêt directeurs le 8 octobre 2008. Le but de cette baisse des taux est d'enrayer l'instabilité financière qui atteint des niveaux records, comme en témoigne le *spread* Euribor-OIS sur le marché interbancaire européen (graphique 2). De plus, les banques centrales

Graphique 2. ***Spread* d'intérêt du marché interbancaire (Euribor-OIS) et taux souverains vis-à-vis de l'Allemagne**

En taux d'intérêt *Spread*

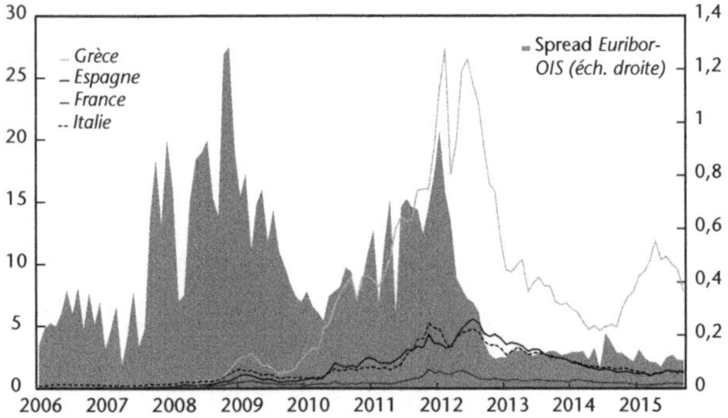

Source : Datastream.

vont développer l'usage d'instruments non conventionnels. Les politiques non conventionnelles reposent sur la manipulation du bilan de la banque centrale, par sa taille ou sa structure, à des fins de politique monétaire.

D'octobre 2008 à janvier 2015, la BCE a mené l'essentiel de ses interventions par l'intermédiaire de prêts collatéralisés au secteur bancaire. Cela se matérialise dans le graphique 3 par une hausse à l'actif du bilan de la BCE des opérations de refinancement à long terme. Elle a facilité les conditions d'octroi de liquidités afin de pallier les dysfonctionnements du marché interbancaire. Depuis octobre 2008, les appels d'offres des opérations de politique monétaire sont menés à taux fixe avec allocation intégrale des demandes de refinancement des banques. L'évolution de la taille du bilan a donc été intégralement dépendante de la demande de liquidités en provenance des banques commerciales.

À partir de fin 2009, une crise de la dette souveraine succède à la crise bancaire. Cela se matérialise par une différenciation accrue des taux d'intérêt à dix ans appliqués sur les obligations des pays membres de la zone euro (graphique 2). La Grèce et, dans une moindre mesure, l'Italie, l'Espagne, l'Irlande et le Portugal voient leurs taux d'intérêt augmenter considérablement. La BCE va alors

Graphique 3. **Composition de l'actif de la BCE**
En milliards d'euros

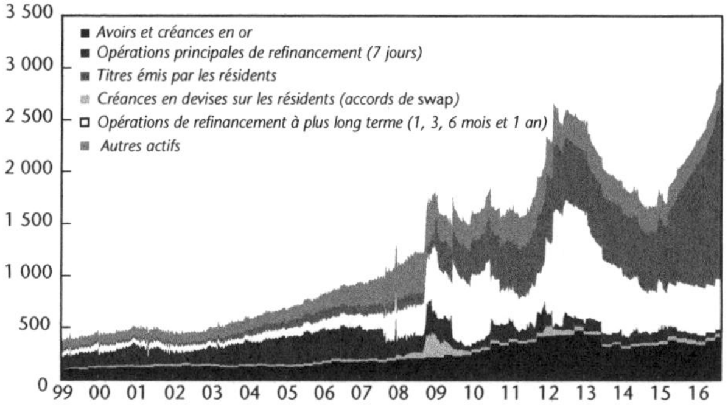

Source : BCE.

augmenter la fréquence de ses opérations de refinancement à trois mois (LTRO) et accroître leur maturité à un an, puis à trois ans dans le cadre de deux opérations menées en décembre 2011 et février 2012 (VLTRO pour *Very Long Term Refinancing Operations*).

Elle va aussi lancer des programmes d'achat de titres. Il s'agit par exemple du CBPP (*Covered Bond Purchase Programme completed*) ou du SMP (*Securities Market Program*). L'objectif de ces diverses mesures consiste à sortir de la « trappe à liquidités », c'est-à-dire à restaurer l'efficacité de la transmission de la politique monétaire — cette efficacité est nulle en « trappe à liquidités » — et à dépasser la contrainte imposée par un niveau des taux directeurs proche de zéro. A ce niveau, il n'est plus possible de diminuer de nouveau le taux MRO, et la BCE espère maintenir la stabilité financière *via* ses mesures non conventionnelles. Dans cette situation, la communication de la banque centrale s'avère cruciale. Le 26 juillet 2012, lors d'une conférence à Londres, Mario Draghi va insister sur le fait que la BCE compte faire « tout ce qu'il faudra » pour garantir la pérennité de la zone euro. Nous sommes alors au cœur de la crise des dettes souveraines, et cette annonce permet de calmer les incertitudes relatives à l'action de la BCE et enclenche une baisse significative des taux des obligations souveraines (graphique 2). Cette annonce sera suivie

Graphique 4. **Indice des prix à la consommation harmonisé (IPCH) dans la zone euro**

En glissement annuel, en %

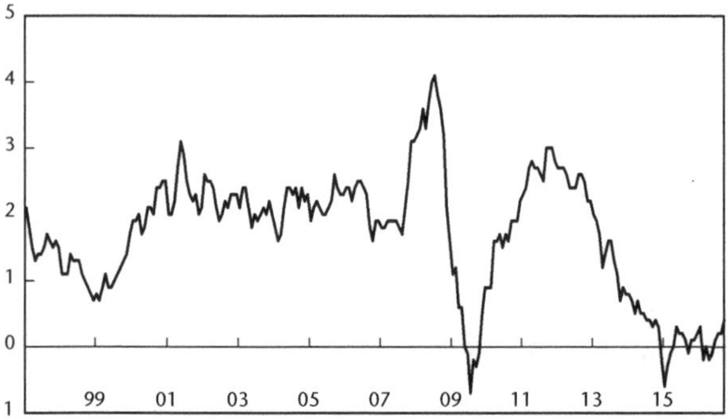

Source : BCE.

par celle du programme OMT (*Outright Monetary Transactions*), procédure par laquelle la BCE s'autorise à racheter sous conditions de la dette publique des pays de la zone euro sur le marché secondaire. À ce jour, les OMT n'ont jamais été mises en œuvre. Parallèlement, la BCE voit ses prérogatives élargies en termes de surveillance bancaire dans le cadre de l'union bancaire qui est créée le 4 novembre 2014.

Les risques de déflation qui pèsent sur la zone euro se matérialisent en 2013 (graphique 4) et vont forcer la BCE à étendre ses mesures non conventionnelles. Le programme d'assouplissement quantitatif (QE pour *Quantitative Easing*) du 22 janvier 2015 représente alors un nouveau changement d'ampleur dans l'orientation de la politique monétaire de la BCE. Ce programme prévoit l'achat de titres adossés à des actifs (ABS pour *Asset-Backed Securities*), de titres souverains et de titres émis par des agences supranationales, pour un montant de 60 milliards d'euros par mois de mars 2015 à septembre 2016. La BCE a annoncé en décembre 2015 le prolongement de six mois de ce programme et en a ensuite réévalué le montant et les modalités en mars 2016. La BCE a augmenté le volume des achats à 80 milliards d'euros par mois et a élargi les titres éligibles à des obligations d'entreprises (*corporate bonds*). Cette politique se traduit au bilan de la BCE par un net accroissement des titres émis par les résidents (graphique 3). Ce programme poursuit les différents objectifs de relance de l'activité et donc de l'inflation, mais aussi de stabilisation des tensions financières qui réapparaissent ponctuellement sur les marchés souverains (graphique 2).

L'orthodoxie budgétaire par les règles

Les modalités de gestion des politiques budgétaires et fiscales des États membres de l'Union européenne (UE) ont été établies après l'adoption du traité de Maastricht et en préparation de la création de l'euro. Le traité d'Amsterdam, signé en 1997, a permis d'adopter un Pacte de stabilité et de croissance (PSC) qui a transformé les règles budgétaires d'entrée dans la zone euro — deux parmi les cinq fameux critères de Maastricht, toujours d'actualité pour les États membres de l'UE qui souhaitent intégrer la zone euro — en règles de bonne conduite budgétaire.

L'intégration monétaire renforcée après l'adoption de l'euro a fait craindre que certains pays profitent de la stabilité monétaire permise par la gestion conservatrice de la monnaie unique par la BCE pour céder à l'indiscipline budgétaire et produire des externalités négatives sur la BCE et dans les pays partenaires. Un déficit excessif (au-delà de 3 % du PIB) dans un État membre pourrait en effet provoquer des tensions sur les marchés de biens et services et induire un surcroît d'inflation, poussant la BCE à augmenter ses taux d'intérêt pour le juguler. Ce faisant, l'euro pourrait s'apprécier. La hausse des taux d'intérêt et l'appréciation de l'euro nuiraient alors doublement aux pays partenaires : l'investissement privé pourrait diminuer et la balance commerciale se détériorer. Pour limiter ces externalités, le choix a été fait de limiter *a priori* l'usage des politiques budgétaires.

Cependant, les arguments d'externalités négatives dépendent des conditions préalables à la politique budgétaire. Si l'économie est en situation de plein emploi, il est indéniable qu'une politique budgétaire expansionniste n'aura pas d'effet de relance et seulement un effet inflationniste. À l'inverse, dans une situation de demande insuffisante face aux capacités productives, la politique budgétaire peut se révéler efficace : la demande est relancée, sans qu'il soit nécessaire de voir grimper les prix.

Les règles budgétaires de bonne conduite ont été introduites sur la base d'un *a priori* : les économies européennes atteindraient rapidement le plein-emploi et s'y maintiendraient. Cela est loin d'être le cas pour tous les États membres de la zone euro (chapitre I). De plus, d'autres unions monétaires, les États-Unis par exemple, n'ont pas adopté de cadre aussi contraignant vis-à-vis des politiques budgétaires.

Quel est ce cadre et quelles sont les règles ? L'UE a établi cinq règles budgétaires, auxquelles s'ajoute le retour à l'équilibre budgétaire à moyen terme. Les plus connues sont les fameux critères de convergence portant sur le déficit public (inférieur à 3 % du PIB) et la dette publique (inférieure à 60 % du PIB). Ils ont été introduits dans la première mouture du PSC dès 1997 pour le premier, et dans sa deuxième mouture dès 2005 pour le second. Ces deux règles sont toujours en vigueur ; *a priori*, elles limitent les marges de manœuvre budgétaire, donc le risque de voir les finances publiques devenir insoutenables (règlements 1173/2011, 1175/2011 et 1177/2011 de novembre 2011).

Après l'augmentation sensible des ratios de dette sur PIB consécutive à la crise financière internationale, la révision du PSC intervenue en novembre 2011 a consacré la règle du retour de la dette publique au niveau de référence de 60 % du PIB, à un rythme moyen d'un vingtième par an de l'écart de la dette par rapport à cette valeur de référence (règlement 1177/2011, art. 2, par. 1*bis*). Cette troisième règle est aussi inscrite dans le traité sur la stabilité, la coordination et la gouvernance (TSCG, art. 4) signé en mars 2012.

Pour les États membres en situation de déficit excessif, le règlement 1177/2011 (art. 3) précise (voir aussi le règlement 1175/2011, art. 5) que, « dans ses recommandations, le Conseil invite l'État membre à [...] améliorer chaque année d'au moins 0,5 % du PIB [...] son solde budgétaire corrigé des variations conjoncturelles (le solde structurel) et déduction faite des mesures ponctuelles et temporaires, de manière à assurer la correction du déficit excessif dans le délai prescrit par la recommandation ». Cet article permet de comparer les efforts d'ajustement effectivement consentis avec les efforts d'ajustement minimaux à consentir, d'au moins 0,5 point de PIB par an en termes structurels.

La cinquième et dernière règle budgétaire, à ce jour, est la « règle d'or » selon laquelle tous les États membres doivent atteindre un budget équilibré, soit un déficit structurel à moyen terme d'au plus 0,5 % du PIB. Contrairement aux quatre règles précédentes, elle n'est inscrite que dans le TSCG, ratifié par vingt-cinq États membres (tous sauf la République tchèque, le Royaume-Uni et la Croatie) et entré en vigueur progressivement depuis le 1er janvier 2013.

La première et la cinquième règle peuvent ne pas s'appliquer, temporairement, en cas de circonstances exceptionnelles. Parmi celles-ci figurent notamment un ralentissement de l'activité économique ou la mise en œuvre de réformes structurelles, des retraites ou pour l'emploi. Le TSCG introduit aussi la possibilité de considérer « un événement inhabituel, en dehors du contrôle de l'État membre, et ayant un impact majeur sur la position financière de l'administration publique » comme circonstance exceptionnelle.

En février 2016, le Conseil européen a assoupli la règle de retour à l'équilibre budgétaire, notamment pour les pays dont la dette est inférieure à 60 % du PIB et qui subissent une récession sévère. Il a aussi durci les circonstances exceptionnelles : seules les réformes structurelles ayant un impact indéniable sur la croissance de long terme pourront justifier un écart de la trajectoire vers l'équilibre budgétaire. Enfin, les investissements publics, pourvu qu'ils soient cofinancés dans le cadre du plan Juncker ou du budget européen, pourront eux aussi justifier un écart à l'équilibre budgétaire. Ces nouvelles dispositions ne concernent pas le volet répressif du Pacte de stabilité et de croissance qui se met en place lorsqu'un État membre a un déficit public excessif.

Du point de vue théorique, ces différentes règles budgétaires présupposent que, au-delà des seuils fixés, la politique budgétaire est inefficace à réguler l'activité macroéconomique et que l'effet multiplicateur[3] est faible, voire négatif. Plusieurs contributions académiques ont cependant rappelé, depuis le déclenchement de la crise financière de 2007-2008, que l'efficacité macroécono-

3 Le multiplicateur budgétaire mesure l'impact de l'expansion ou de la consolidation budgétaire sur l'activité économique d'ensemble. Par exemple, un multiplicateur de 1,5 signifie que, pour 1 euro de déficit public en moins (en plus), le PIB baissera (augmentera) de 1,50 euro une fois pris en compte le bouclage macroéconomique.

mique de la politique budgétaire dépendait de la situation de l'économie dans son cycle [Auerbach et Gorodnichenko, 2012 ; Creel *et al.*, 2011]. Ces travaux estiment que le multiplicateur est généralement supérieur à l'unité en période de crise, et plutôt inférieur à l'unité en période d'expansion. De ce fait, instaurer l'austérité budgétaire en temps de crise est une erreur — elle enfonce l'économie un peu plus dans la crise — et est contre-productif — au lieu de baisser, le ratio de dette publique sur PIB va augmenter sous l'effet de la chute des recettes fiscales.

La politique budgétaire est aussi rendue plus efficace en période de récession lorsque le taux d'intérêt a atteint son niveau plancher [DeLong et Summers, 2012]. Dans ces conditions, la politique budgétaire expansionniste non seulement est efficace pour atténuer la crise car la banque centrale ne va pas en annuler les effets par une hausse des taux d'intérêt, mais peut être aussi autofinancée : le regain de croissance accélère les rentrées fiscales et permet à l'État de rembourser ses dettes.

L'efficacité de la politique budgétaire dépend cependant du niveau initial de la dette publique. Selon Corsetti *et al.* [2012], l'effet multiplicateur est plus faible dans les pays à dette élevée (au-delà de 100 % du PIB) que dans ceux à dette plus faible. Une politique budgétaire expansionniste dans un pays à dette élevée fait planer le risque d'un défaut de paiement de l'État concerné : le taux d'intérêt sur la dette augmente du montant de la prime de risque et vient réduire les effets de relance de la politique budgétaire, en même temps qu'il révèle la méfiance accrue des marchés financiers à l'égard de cet État et pose la question du financement futur de l'économie nationale.

L'efficacité de la politique budgétaire dépend enfin d'un effet de composition : la nature des mesures de consolidation (coupes dans les budgets sociaux, dans les salaires des fonctionnaires, dans les investissements publics, ou augmentation des impôts des ménages ou des entreprises) ou d'expansion influe sur la valeur du multiplicateur. Les mesures influant directement sur la demande, comme les mesures de relance de l'investissement public, sont généralement celles ayant les effets les plus importants sur le PIB. Les mesures fiscales, parce qu'elles produisent des effets d'aubaine (la baisse des cotisations sociales employeurs, par exemple, peut être utilisée par les entreprises pour augmenter leurs marges, sans effet instantané sur l'économie), ont généralement des effets multiplicateurs assez faibles.

Compte tenu des nombreux facteurs concourant ou pas à l'efficacité de la politique budgétaire, le consensus, s'il existe, sur la valeur de l'effet multiplicateur ne peut provenir que des études empiriques. Gechert et Rannenberg [2014] ont analysé finement les résultats de près de 90 études empiriques consacrées à l'effet multiplicateur et ont conclu à la très grande efficacité des politiques portant sur l'investissement public entreprises en période de crise économique. De leur étude, on peut inférer que le plan Juncker de relance de l'investissement public devrait être efficace, mais seulement à hauteur des montants relativement faibles investis [Le Moigne *et al.*, 2016].

Conclusion

En ce qui concerne la politique monétaire, il apparaît que, si son mandat défini par les traités n'a pas évolué, la BCE a en revanche fait évoluer son cadre d'action en développant des outils non conventionnels. Elle semble être dans la crise l'institution la plus volontariste, tout en appelant fréquemment les politiques budgétaires à venir également soutenir la demande.

En ce qui concerne les politiques budgétaires, il apparaît que le carcan constitué par le PSC et le traité budgétaire (ou TSCG) est triplement néfaste à l'économie européenne. En situation de croissance faible, il limite les marges de manœuvre budgétaires, au moment où l'effet multiplicateur est le plus grand ; en même temps, il incite à mener des politiques d'austérité qui contribuent au renforcement plutôt qu'à l'atténuation de la crise. Enfin, il ne suffit pas à empêcher que surviennent de graves crises de dette publique, comme en Grèce. Imaginé pour favoriser la prévention et pour organiser la répression des déficits et des dettes excessifs, le PSC a failli : les déficits et les dettes augmentent, et les politiques recommandées pour les limiter ne font que les pérenniser. La coordination par les règles n'a pas fonctionné, et il faut repenser l'architecture budgétaire de l'UE pour qu'une coordination sur des objectifs économiques et non pas comptables voie enfin le jour : ces objectifs pourraient être la baisse du chômage et de la pauvreté, la hausse de la productivité et des niveaux de vie.

Repères bibliographiques

Auerbach A. J. et Gorodnichenko Y., « Measuring the output responses to fiscal policy », *American Economic Journal, Economic Policy*, vol. 4, n° 2, 2012, p. 1-27.

Bordes C. et Clerc L., « L'art du *central banking* de la BCE et le principe de séparation », *Revue d'économie politique*, n° 120, 2010, p. 269-302.

Corsetti G., Meier A. et Müller G. J., « What determines government spending multipliers ? », *Economic Policy*, vol. 27, n° 72, octobre 2012, p. 521-565.

Creel J., Heyer É. et Plane M., « Petit précis de politique budgétaire par tous les temps. Les multiplicateurs budgétaires au cours du cycle », *Revue de l'OFCE*, n° 116, 2011, p. 61-88.

DeLong J. B. et Summers L. H., « Fiscal policy in a depressed economy », *Brookings Papers on Economic Activity*, vol. 44, n° 1, printemps 2012, p. 233-297.

Gechert S. et Rannenberg A., « Are fiscal multipliers regime-dependent ? A meta regression analysis », *IMK Working Paper*, n° 139, 2014.

Le Moigne M., Saraceno F. et Villemot S., « Sortir de la crise par l'investissement ? », *in* OFCE, *L'Économie européenne 2016*, La Découverte, « Repères », Paris, 2016.

SECONDE PARTIE

Les risques de désintégration européenne

V / Brexit : le prix à payer

Catherine Mathieu et Henri Sterdyniak

Le 23 juin 2016, le résultat du référendum britannique en faveur d'une sortie de l'UE a accentué la crise politique tant dans les institutions européennes que dans de nombreux pays européens, à commencer par le Royaume-Uni. Il est vite apparu que les partisans du Brexit n'avaient pas de stratégie pour gérer leur victoire, ce qui augmente les incertitudes économiques au Royaume-Uni comme en Europe. Ailleurs en Europe, quitter l'UE devient un choix possible, ce qui peut encourager les partis souverainistes. Si l'Écosse quitte le Royaume-Uni pour adhérer à l'UE, d'autres mouvements indépendantistes (Catalogne, Corse...) pourraient demander une évolution similaire. Mais la fragilité de l'UE provient aussi de l'échec de la stratégie « discipline budgétaire/ réformes structurelles » comme des réticences des peuples envers la marche vers une Europe toujours plus fédérale.

Brexit means Brexit, mais encore ?

Les Britanniques ont toujours été distants vis-à-vis de l'Europe, selon une position cohérente : oui à l'Europe libérale du marché unique, non aux pertes de souveraineté nationale, non à l'Europe sociale, non au projet d'aller à terme vers une union politique, vers une Europe fédérale. Il n'est donc pas étonnant que le Royaume-Uni soit le premier pays à prendre le large. L'accord négocié par David Cameron en février 2016, pour un nouveau statut du Royaume-Uni dans une UE réformée, qui accordait aux Britanniques des garanties en matière de souveraineté nationale, de gouvernance européenne, de réformes libérales pour une compétitivité accrue de l'UE et de restriction de l'immigration des travailleurs en provenance de l'UE, n'a pas suffi à convaincre la majorité des Britanniques de rester dans l'UE.

Le résultat du vote a eu de nombreuses répercussions politiques, à commencer par la démission de David Cameron. Theresa May, devenue Premier ministre le 13 juillet, s'est longtemps limitée à répéter qu'il y aurait bien « Brexit » (*Brexit means Brexit*), alors que de nombreux Britanniques proeuropéens demandaient un nouveau référendum ou un vote du Parlement. Parallèlement, Theresa May était pressée par ses partenaires européens d'annoncer au plus vite les intentions britanniques. Le 2 octobre 2016, lors du congrès annuel des conservateurs, Theresa May a annoncé qu'elle déclencherait au plus tard en mars 2017 l'article 50 du traité sur l'UE, selon lequel un pays qui décide de quitter l'UE doit négocier un accord de retrait, qui fixe la date de sortie. C'est alors que débuteront les négociations entre le gouvernement britannique et le Conseil européen à vingt-sept. Selon le traité, ces négociations peuvent durer jusqu'à deux ans, au bout desquels la sortie du Royaume-Uni sera effective, sauf si ces négociations sont prolongées sur accord unanime du Conseil européen et du Royaume-Uni. En 2019, auront lieu les élections européennes ; au plus tard en 2020, les élections législatives britanniques : il ne fallait donc pas trop retarder le début des négociations, qui, de fait, démarreront alors que dans l'UE plusieurs pays entreront en période électorale (les Pays-Bas en mars 2017, la France au printemps, l'Allemagne à l'automne), ce qui peut retarder et tendre les négociations. La décision de la Haute Cour de Londres, le 3 novembre 2016, d'obliger le gouvernement à obtenir l'aval du Parlement pour déclencher l'article 50 ne devrait pas retarder les négociations car le Parlement ne peut guère désavouer le vote populaire.

Durant au moins deux ans et demi, les institutions de l'UE et du Royaume-Uni devront vivre dans un entre-deux difficilement gérable (le Royaume-Uni aura-t-il encore voix au chapitre ? Les nouvelles directives européennes s'y appliqueront-elles ?). Les personnels de ces institutions devront consacrer une part notable de leur énergie à gérer la rupture.

Les négociations seront délicates ; elles porteront obligatoirement sur l'ensemble de l'acquis communautaire. Les pays de l'UE (et le Royaume-Uni) devront choisir entre deux attitudes.

L'attitude compréhensive serait de signer rapidement un traité de libre-échange, ayant comme objectif de maintenir les relations commerciales et financières avec le Royaume-Uni, en tant que partenaire privilégié de l'UE. Cela minimiserait les conséquences économiques du Brexit pour l'UE comme pour le Royaume-Uni. Toutefois, il est difficilement concevable que le Royaume-Uni puisse à la fois jouir d'une liberté totale pour son organisation économique et d'une ouverture totale des marchés européens. L'UE ne peut pas accorder au Royaume-Uni des conditions plus favorables que celles des membres actuels de l'Espace économique européen (EEE : Norvège, Islande, Liechtenstein) ou de la Suisse ; le Royaume-Uni devrait, comme ces pays, intégrer la législation du marché unique (en particulier la libre circulation des personnes) et contribuer au budget européen, ceci pour avoir un accès total au marché unique et peut-être bénéficier du passeport européen des institutions financières (ce passeport est aujourd'hui accordé aux pays de l'EEE mais pas à la Suisse). Le Royaume-Uni devra choisir entre se plier à des normes européennes sur lesquelles il n'aura pas son mot à dire et risquer de se voir imposer des barrières réglementaires. Certes, la négociation sera ouverte. Le Royaume-Uni pourra plaider pour une Europe plus ouverte aux pays hors UE. Mais quel sera son poids une fois sorti ?

Le vote pour une sortie de l'UE s'est joué outre-Manche sur un point crucial : la possibilité de restreindre l'arrivée de travailleurs de l'UE (surtout des nouveaux pays membres). Mais les pays de l'UE ne sont pas prêts à l'accorder aux Britanniques, tout en leur laissant l'accès au libre marché des biens, des services et des capitaux. La France puis l'Allemagne ont proclamé que les quatre libertés de circulation ne peuvent pas être dissociées. Pour les nouveaux pays membres, la liberté de circulation des travailleurs n'est pas négociable. Certes, l'insistance de la France et de l'Allemagne est suspecte dans la mesure où la France réclame en même temps le contrôle des travailleurs détachés et où l'Allemagne demande le droit de ne pas verser de prestations d'assistance aux Européens sans emploi résidant sur son sol. En fait, le risque pour les pays de l'UE, notamment pour l'Allemagne et la France, est politique : éviter que d'autres pays de l'UE tentent de suivre l'exemple britannique, et que l'UE se disloque.

Début octobre 2016, Theresa May s'est prononcée pour un *hard Brexit*, le seul conforme selon elle à la volonté des

Britanniques exprimée lors du référendum. Elle a rejeté clairement le modèle que constituent les relations actuelles entre l'UE et l'EEE. Ainsi, le Royaume-Uni pourrait perdre l'accès au marché unique et devoir renégocier l'ensemble des traités commerciaux en partant de zéro (donc des seules règles de l'Organisation mondiale du commerce), tant avec l'UE qu'avec les pays tiers. Ces accords seraient probablement longs à mettre en place, en tout cas nécessiteraient plus de deux ans. Cela pourrait amener les entreprises multinationales à relocaliser en Europe continentale leurs usines et sièges sociaux. Pour la City, la question du maintien du passeport financier sera cruciale. C'est sur ce point que les Britanniques ont le plus à perdre aujourd'hui, vu le poids des activités de la City. L'Europe pourrait fermer l'accès du marché européen aux banques britanniques de façon à les inciter à rapatrier à Paris ou à Francfort les activités bancaires et financières de la zone euro.

Cependant, il paraît difficile que l'UE, partisane de la libre circulation des marchandises, des services, des personnes et des entreprises, dresse des obstacles contre le Royaume-Uni. La zone euro a un excédent courant de 130 milliards d'euros avec le Royaume-Uni : voudra-t-elle le remettre en cause ? Les entreprises européennes qui exportent au Royaume-Uni s'y opposeraient. Les accords de coopération industrielle (Airbus, armement, énergie...) pourraient difficilement être remis en question. De même, il paraît *a priori* peu probable que Londres dresse des barrières tarifaires contre les produits européens. Le risque est d'entrer dans un jeu coûteux de représailles réciproques (que l'UE, divisée entre des pays à intérêts différents, aura du mal à mener).

En sens inverse, Londres pourrait jouer la carte du paradis fiscal et réglementaire, surtout en matière financière. Mais le Royaume-Uni ne pourrait guère s'abstraire des contraintes internationales (les accords de la COP21, ceux sur la lutte contre l'optimisation fiscale, ceux sur l'échange international d'informations fiscales et bancaires). Le Royaume-Uni devrait développer son propre modèle, celui d'un champion du libre-marché mondialisé, comme le souhaite Theresa May. C'est un pari risqué de miser sur le redéploiement des relations commerciales avec le monde hors UE, mais le Royaume-Uni a un déficit commercial avec l'UE et un excédent avec le reste du monde ; il conserve des liens historiques avec les pays du Commonwealth et porte une vision favorable au libre-échange depuis longtemps. En revanche, il est peu probable que le Royaume-Uni, dont la législation est déjà très libérale en matière du droit du travail, de réglementation financière, de réglementation des marchés de produits et de services, puisse bénéficier d'un choc important de croissance induit par des réformes encore plus libérales. Theresa May a d'ailleurs vivement dénoncé la montée des inégalités au Royaume-Uni ; elle a annoncé une réforme sociale, une politique « au service des travailleurs », une politique industrielle active, la lutte contre les rémunérations excessives, une plus grande participation des salariés aux décisions des entreprises.

Quels impacts pour le Royaume-Uni et l'UE ?

Le vote ouvre une longue période d'incertitudes économiques et financières. Mais il ne faut pas donner trop d'importance aux réactions immédiates des marchés financiers, qui n'aiment pas l'incertitude et sont de toute façon très volatils. La Bourse de Londres avait immédiatement perdu 6 %, mais elle a regagné 14 % depuis. La livre a rapidement perdu 10 % par rapport à l'euro, mais elle était nettement surévaluée, comme en témoigne le déficit courant britannique de 5,7 % de son PIB en 2015. Elle s'est stabilisée à partir de la mi-juillet, puis a de nouveau perdu 5 % par rapport à l'euro début octobre, à la suite des déclarations de Theresa May en faveur d'un *hard Brexit*. Après le vote, le *policy mix* britannique a été modifié. La Banque d'Angleterre a baissé son taux d'intérêt de 0,5 à 0,25 % début août, ce qui a évité une hausse de l'écart de taux d'intérêt sur les obligations publiques avec l'Allemagne. Le chancelier de l'Échiquier a renoncé à l'objectif d'équilibrer les finances publiques en 2020, mais a maintenu celui d'abaisser à 17 % le taux de l'impôt sur les sociétés.

Compte tenu des incertitudes sur la négociation (et sur l'évolution du taux de change), les évaluations négatives sur l'impact du Brexit sont sujettes à caution [Mathieu, 2016]. Le Royaume-Uni a une croissance soutenue (2,2 % en glissement annuel à la mi-2016, contre 1,6 % pour la zone euro) et un faible taux de chômage (4,9 % contre 10,1 % pour la zone euro). À court terme, le Royaume-Uni bénéficiera de la baisse de la livre sterling qui restaurera sa compétitivité, mais les consommateurs britanniques souffriront de la hausse des prix. Même si la livre restait basse en 2017, les incertitudes sur l'évolution des barrières douanières affecteraient l'attractivité du Royaume-Uni et décourageraient les entreprises britanniques et étrangères d'investir au Royaume-Uni, ce qui nuirait à l'investissement à court terme et au commerce extérieur à moyen terme. L'incertitude restera forte tant que les négociations n'auront pas abouti. En sens inverse, la politique monétaire comme la politique budgétaire devraient devenir plus expansionnistes. Libéré des contraintes européennes, le Royaume-Uni pourrait se lancer dans une politique industrielle plus énergique.

En avril 2016, le Trésor britannique [HM Treasury, 2016] avait publié un rapport sur les impacts économiques à long terme du Brexit. Il concluait que celui-ci conduirait à une perte de 6,2 points de PIB en 2030. Peu après, l'OCDE [2016] avait évalué l'impact du Brexit à – 2,5 % du PIB à moyen terme (2023), entre 5,1 % du PIB et 7,7 % du PIB à long terme (2030).

Selon l'OCDE [2016], la baisse du PIB de l'UE du fait du Brexit serait de 0,8 % en 2023, tandis que l'approfondissement du marché unique et la signature d'accords de libre-échange avec le reste du monde permettraient une hausse du PIB pour tous les pays de l'UE. Mais cette affirmation est peu crédible, compte tenu des mauvaises performances de la zone euro et du coût de l'ouverture des frontières pour la cohésion économique et sociale des pays européens. Beaucoup des canaux évoqués sont contestables : le Brexit affaiblirait la croissance en augmentant l'incertitude et en affaiblissant les perspectives économiques. Mais si l'Europe fonctionne mal, la quitter pourrait améliorer les perspectives des marchés. Le Royaume-Uni subirait une contraction de son commerce extérieur, qui nuirait durablement à sa productivité, mais, malgré son ouverture, la productivité de l'économie britannique est faible. L'OCDE n'intègre pas les effets favorables d'une politique économique plus active. Enfin, elle ne pose pas la question de principe : un pays doit-il abandonner sa souveraineté politique pour bénéficier des éventuels effets positifs de la libéralisation commerciale ?

Un rebond de l'UE, avec ou sans le Royaume-Uni…

Le départ du Royaume-Uni, farouche partisan du libéralisme économique, hostile à toute augmentation du budget européen, comme à tout accroissement des pouvoirs des institutions européennes et à l'Europe sociale, pourrait modifier la donne dans les débats européens, mais l'Allemagne, les Pays-Bas et la plupart des pays d'Europe centrale et orientale ont toujours eu la même position que le Royaume-Uni. Le Brexit ne suffira pas, à lui seul, à provoquer un tournant dans les politiques européennes. En revanche, la libéralisation des services et du secteur financier, que le Royaume-Uni impulsait, pourrait être ralentie.

L'Europe doit tirer les leçons de la crise britannique, qui vient après la crise des dettes des pays du Sud, la crise grecque, les politiques d'austérité, en même temps que la crise des migrants. Il faut à la fois repenser le contenu des politiques et leur cadre institutionnel. L'UE en aura-t-elle la volonté et la capacité ?

La stratégie mise en œuvre depuis 1999 et renforcée depuis 2010 : « discipline budgétaire/réformes structurelles », n'a guère donné de résultats satisfaisants sur les plans économique et social. En revanche, elle donne aux peuples l'impression d'être dépossédés de tout pouvoir démocratique. C'est encore plus vrai pour les pays qui ont *bénéficié* de l'assistance de la troïka (Grèce, Portugal, Irlande) ou de la BCE (Italie, Espagne). Depuis 2015, le plan Juncker, destiné à relancer l'investissement en Europe, a marqué un certain tournant, mais celui-ci demeure timide et mal assumé : il ne s'accompagne pas d'une réflexion sur la stratégie macroéconomique et les réformes structurelles. Les désaccords demeurent importants tant entre les nations qu'entre les forces politiques et sociales. L'Europe a besoin d'une stratégie économique forte, mais celle-ci ne peut pas être aujourd'hui décidée collectivement.

Le marasme économique et social européen a deux causes fondamentales. La première concerne l'ensemble des pays développés. La mondialisation creuse un fossé profond entre gagnants et perdants [par exemple, Stiglitz, 2014]. Les inégalités de revenus et de statuts s'accroissent. Les emplois stables, correctement rémunérés, disparaissent. Les classes populaires sont les victimes directes de la concurrence des pays à bas salaires (d'Asie comme d'Europe centrale et orientale). On leur demande d'accepter des baisses de salaires, de prestations sociales, de droits du travail. Dans cette situation, les élites et les classes dirigeantes peuvent être ouvertes, mondialistes et pro-européennes, tandis que les classes populaires sont protectionnistes et nationalistes. Ce phénomène explique la poussée du Front national, de l'AfD, de l'UKIP en Europe, comme la victoire de Donald Trump aux États-Unis.

La seconde cause du marasme a trait à la gouvernance européenne. L'Europe est actuellement gérée par un fédéralisme libéral et technocratique, qui veut imposer aux peuples des politiques et des réformes, que ceux-ci refusent, pour des raisons parfois légitimes, parfois discutables. Le fait est que l'Europe, telle qu'elle est actuellement, affaiblit les solidarités et la cohésion nationale, ne permet pas aux pays de choisir une stratégie spécifique. Le retour à la souveraineté nationale est une tentation générale.

Par ailleurs, l'Europe n'est pas un pays. Il persiste entre les peuples des divergences importantes d'intérêts, de situations, d'institutions, d'idéologies qui rendent tout progrès difficile. En raison de la disparité des situations nationales, de nombreux dispositifs (que ce soit la politique monétaire unique, la liberté de circulation des personnes, le statut des travailleurs détachés) posent problème. Des règles sans fondement économique ont été introduites dans le Pacte de stabilité puis le traité budgétaire : elles n'ont pas été remises en cause après la crise financière. Comment faire converger vers une Europe sociale ou une Europe fiscale des pays dont les peuples sont attachés à des systèmes structurellement différents ? Après les difficultés de l'Europe monétaire, qui peut souhaiter une Europe budgétaire, qui éloignera encore l'Europe de la démocratie et de l'efficacité ?

Dans l'accord du 19 février 2016, le Royaume-Uni avait rappelé les principes de subsidiarité. Il est compréhensible que des pays, soucieux de souveraineté nationale, soient agacés par les intrusions incessantes de l'UE dans des domaines qui relèvent de la compétence nationale, où les interventions européennes n'apportent guère de valeur ajoutée, que ces pays refusent de devoir en permanence se justifier à Bruxelles sur leurs politiques économiques ou sur leurs règles économiques, sociales ou juridiques, même quand celles-ci n'ont aucune conséquence sur les autres États membres. Après le départ britannique, il faudra arbitrer entre deux stratégies : renforcer l'Europe, au risque d'accroître encore le sentiment de dépossession des peuples, ou réduire l'ambition de la construction européenne.

Après le départ britannique, quelle Europe ?

Le départ du Royaume-Uni, l'éloignement de certains pays d'Europe centrale (Pologne, Hongrie), les réticences du Danemark et de la Suède pourraient pousser à passer à une union à plusieurs vitesses. L'Europe serait partagée en trois cercles. Le premier regrouperait les pays de la zone euro qui accepteraient de nouveaux transferts de souveraineté et bâtiraient une union budgétaire, fiscale, sociale et politique. Ce serait l'occasion de progrès démocratiques : Parlement de la zone euro, Commission ayant un pouvoir exécutif responsable devant le Parlement. Un deuxième regrouperait les pays européens qui ne pourraient ou ne souhaiteraient pas participer à cette union étroite. Enfin, le dernier cercle regrouperait les pays liés à l'Europe par un accord de libre-échange : Norvège, Islande, Liechtenstein, Suisse aujourd'hui, Royaume-Uni et d'autres pays (Turquie, Maroc, Ukraine...) demain.

Ce projet pose cependant de nombreux problèmes. Les institutions européennes devraient être dédoublées entre des institutions zone euro fonctionnant sur le mode fédéral (qui serait rendu plus démocratique) et des institutions de l'UE continuant à fonctionner sur le mode union des États membres. Beaucoup de pays actuellement hors de la zone euro sont hostiles à cette évolution qui les marginaliserait en membres de « seconde zone ». Elle compliquerait encore le fonctionnement de l'UE s'il y a un Parlement européen et un Parlement de la zone euro, des commissaires zone euro, des budgets et transferts financiers zone euro et des transferts UE, etc. C'est déjà le cas, par exemple, avec l'Agence bancaire européenne et la BCE. De nombreuses questions devraient être tranchées deux ou trois fois (une fois au niveau de la zone euro, une fois au niveau de l'UE, une fois au niveau de la zone de libre-échange). Les membres du troisième cercle seraient dans une situation encore plus difficile, obligés de se plier à des réglementations sur lesquelles ils n'auraient aucun pouvoir. Faut-il placer nos pays partenaires devant le dilemme : accepter de lourdes pertes de souveraineté (en matière politique et sociale) ou se voir privés des avantages du libre-échange ?

Pisani-Ferry *et al.* [2016] proposent un « partenariat continental » dans lequel le Royaume-Uni continuerait de participer au marché unique des biens et des services et des capitaux, mais retrouverait un certain contrôle (temporaire) sur la mobilité de la main-d'œuvre et ne prendrait plus part directement aux décisions de l'UE prises au niveau supranational. Il aurait son mot à dire sur les politiques de l'UE, mais l'UE déciderait en dernier ressort, et le Royaume-Uni devrait s'y plier. L'Europe serait composée de deux cercles : un cercle intérieur, l'UE, avec une intégration profonde et politique, et un cercle extérieur avec une intégration moins forte, ce qui pourrait à terme permettre d'intégrer la Turquie, la Norvège, la Suisse, l'Ukraine et d'autres pays. Le partenariat continental comprendrait la participation à un ensemble de politiques communes en lien avec le marché unique ; la participation à un nouveau système de décision intergouvernemental et de mise en application, une contribution au budget européen ; une coopération étroite dans les domaines de la politique étrangère, de la sécurité et éventuellement de la défense. Ce projet reconnaît le rôle majeur du Royaume-Uni, notamment dans le fonctionnement du marché unique, et propose un compromis. Cependant, il complique énormément les prises de décisions en Europe et pourrait être un facteur de désintégration de l'UE. Mais les auteurs considèrent que cela peut être un facteur de clarification.

Il n'y a sans doute pas d'accord des peuples européens, même au sein de la zone euro, pour aller vers une Europe fédérale, avec toutes les convergences que cela supposerait. Dans la période récente, les cinq présidents et la Commission ont proposé de nouveaux pas vers le fédéralisme européen : création d'un Comité budgétaire européen, création de Conseils indépendants de compétitivité, conditionnement de l'octroi des fonds structurels au respect de la discipline budgétaire et à la réalisation de réformes structurelles, création d'un Trésor européen et d'un ministère des Finances de la zone euro, évolution vers une Union financière, socle européen des droits sociaux et unification partielle des systèmes d'assurance chômage. Cette évolution renforcerait le pouvoir d'organismes technocratiques au détriment des gouvernements démocratiquement élus. Il serait déplaisant qu'elle soit mise en œuvre, comme c'est déjà le cas en partie, sans que les peuples soient à nouveau consultés.

Par ailleurs, nul ne sait comment se ferait la convergence en matières fiscale ou sociale, vers le haut ou vers le bas ? Certains proposent une union politique où les décisions seraient prises démocratiquement par un gouvernement et un Parlement de la zone euro. Mais un pouvoir fédéral, même démocratique, pourra-t-il tenir compte des spécificités nationales dans une Europe composée de pays hétérogènes ? Peut-on imaginer que les décisions concernant le système de retraite français soient prises par un Parlement européen ? ou qu'un ministre des Finances de la zone impose des baisses de dépenses sociales aux pays membres (comme la troïka le fait pour la Grèce), ou des politiques d'austérité à des pays en dépression (comme la Commission l'a fait en 2016 pour l'Italie, l'Espagne, le Portugal, la Finlande) ? Selon nous, compte tenu des disparités actuelles en Europe, les politiques économiques doivent être coordonnées entre pays et non décidées par une autorité centrale.

L'Europe devra engager une réflexion sur son avenir. Utiliser la crise actuelle pour progresser sans concertation vers une « union toujours plus étroite » serait dangereux. Ce n'est qu'après un changement réussi de politiques qu'elle pourra retrouver l'appui des peuples et que des progrès institutionnels pourront être mis en œuvre.

Repères bibliographiques

HM TREASURY, *The Long-Term Economic Impact of EU Membership and the Alternatives*, avril 2016.

MATHIEU C., « Le référendum britannique du 23 juin 2016 : le saut dans l'inconnu », *OFCE Policy Brief*, n° 1, juillet 2016.

MATHIEU C. et STERDYNIAK H., « Brexit : quelles leçons pour l'Europe ? », *Blog de l'OFCE*, 24 juin 2016.

OCDE, *The Economic Consequences of Brexit. A Taxing Decision*, avril 2016.

PISANI-FERRY J., RÖTTGEN N., SAPIR A., TUCKER P. et WOLFF G. B., *Europe After Brexit. A Proposal for a Continental Partnership*, Institut Bruegel, 29 août 2016.

STIGLITZ J., *Le Prix de l'inégalité*, Les Liens qui Libèrent, Paris, 2014.

VI / Les deux premières années de l'Union bancaire

Céline Antonin, Sandrine Levasseur et Vincent Touzé

Le 4 novembre 2014, l'Union bancaire est entrée en vigueur afin de garantir une plus grande solidité du secteur bancaire européen et de renforcer la stabilité financière dans la zone euro. Son objectif est triple : 1) garantir la robustesse et la résistance des banques à des crises financières majeures ; 2) interdire, ou à défaut limiter drastiquement, le recours à l'argent public pour sauver les banques en faillite ; 3) harmoniser la réglementation du secteur financier afin de renforcer la convergence et l'intégration des marchés bancaires nationaux.

Née de la crise économique et financière, l'Union bancaire est aussi un aboutissement logique de la volonté originelle d'une libre circulation des capitaux au sein de l'Union européenne. Depuis sa création, elle a modifié l'architecture bancaire, avec un superviseur et une réglementation unique pour les grosses banques. Elle institue également la logique de renflouement interne (*bail in*) des banques. Toutefois, en raison d'une fragmentation des marchés bancaires nationaux encore trop prégnante et d'un risque de mutualisation des pertes au niveau collectif, elle peine à mettre en place son troisième pilier qui doit offrir une garantie européenne des dépôts.

Des prémices à la naissance de l'Union bancaire

Les fondements de l'Europe bancaire et financière

Les prémices de l'Europe bancaire et financière figuraient déjà dans le traité de Rome (1957). Outre la libre circulation des marchandises, ce dernier prévoyait les libertés d'établissement, de prestation de services ainsi que de circulation des personnes et des capitaux (article 67). Ces libertés fondamentales ont favorisé l'émergence d'un marché bancaire et financier européen. Il faudra toutefois attendre l'Acte unique européen de 1986, suivi de la directive de 1988, pour que l'article 67 entre en vigueur le 1er juillet 1990.

En parallèle, depuis 1974, le Comité de Bâle (Suisse) définit régulièrement la base d'une réglementation bancaire prudentielle internationale qui fixe notamment des *minima* de fonds propres à satisfaire. Cette réglementation a été progressivement adoptée au niveau européen avec les normes Bâle I de 1988 (quelques pays), Bâle II de 2004 (norme adoptée sous la forme d'une directive européenne) et désormais Bâle III de 2010 (adoption d'une directive européenne et d'un règlement européen pour une mise en place à partir du 1er janvier 2014).

La crise comme accélérateur

À quelques rares exceptions (Luxembourg, Estonie, Lituanie, Lettonie, Irlande, Belgique), l'Europe bancaire apparaît comme la juxtaposition de systèmes nationaux avec des dépôts essentiellement possédés par des résidents et des crédits bancaires principalement accordés aux résidents. Fin 2014, 86,4 % de l'actif bancaire investi dans la zone euro était ainsi détenu par des banques domestiques dans leur économie nationale (tableau 1). Au nom du principe de subsidiarité, ces systèmes se sont organisés sous la surveillance d'un superviseur national dont l'action s'arrêtait aux frontières. Cette supervision décentralisée a pu conduire à des différences de pratique dans la surveillance prudentielle — par exemple, des définitions différentes des créances douteuses ont pu rendre plus difficile la comparaison des expositions au risque. La crise financière de 2008 a fortement fragilisé ce système bancaire européen [Antonin et Touzé, 2014].

Tout d'abord, plusieurs pays membres de la zone euro (Espagne, Italie, Irlande, Portugal et Chypre) ont été mis en difficulté lorsque la crise a frappé de façon simultanée leur secteur bancaire et leur dette souveraine. Les liens de causalité entre crise bancaire et augmentation du risque souverain ont été de deux natures :

— en Grèce et au Portugal, la dégradation des finances publiques a contribué à déprécier le bilan du secteur bancaire, important détenteur d'obligations souveraines nationales ;

— en Espagne, à Chypre et en Irlande, le soutien public apporté au secteur bancaire a conduit à une augmentation de la dette publique, ce qui a accru le risque souverain.

Ces fragilités nationales ont renforcé le cloisonnement des marchés intra-européens du crédit : les banques des pays à faibles risques (Allemagne, France, Grande-Bretagne, Pays-Bas, etc.) se sont désengagées des pays à risque.

Tableau 1. **Actif bancaire total : poids des banques domestiques et des filiales étrangères dans les économies nationales**

Pays d'exposition	Part en %		Actif bancaire total (en milliards d'euros fin 2014)
	Banques domestiques	Filiales de banques étrangères	
Belgique	49,7	50,3	996
Allemagne	95,6	4,4	7 062
Estonie	4,5	95,5	22
Irlande	51,7	48,3	503
Grèce	97,0	3,0	369
Espagne	93,5	6,5	3 576
France	94,1	5,9	7 187
Italie	91,7	8,3	2 701
Chypre	64,5	35,5	76
Lettonie	48,4	51,6	31
Lituanie	8,3	91,7	24
Luxembourg	11,8	88,3	800
Malte	28,8	71,2	52
Pays-Bas	93,3	6,7	2 528
Autriche	69,6	30,4	1 079
Portugal	79,3	20,7	426
Slovénie	65,9	34,1	41
Slovaquie	15,9	84,1	63
Finlande	28,4	71,6	573
Zone euro	86,4	13,6	28 085

Sources : BCE ; calculs des auteurs.

Ensuite, en réponse à la crise bancaire majeure de 2009, les réactions européennes ont été peu coordonnées, alors que l'origine de la crise était commune (effondrement des crédits *subprimes*) et les interconnexions nombreuses. Les réponses publiques nationales se sont appuyées sur quatre types d'instruments : 1) garantie publique sur les passifs (173,8 % du PIB en Irlande en 2009) ; 2) recapitalisation en achetant des actions ou des obligations bancaires (Royaume-Uni, Allemagne, Irlande et Espagne) ; 3) rachat par l'État des actifs toxiques ; 4) soutien direct de la liquidité par la Banque centrale européenne.

L'émergence d'un consensus européen pour aider les banques en difficulté a été difficile, car soutenir une banque en difficulté s'apparentait à soutenir un État et donc à une forme de fédéralisme budgétaire. Au niveau de la zone euro, la réponse communautaire a été de mettre en place un fonds de financement pour soutenir des États et des banques en difficulté, le mécanisme européen de stabilité (MES) en 2012, en remplacement de deux programmes temporaires (FESF et MESF). Six pays européens y ont eu recours : Chypre, la Grèce, l'Espagne, l'Irlande, le Portugal et la Roumanie. De plus, la confiance mutuelle entre les banques ayant été rompue, la BCE a été dans l'obligation de fournir les liquidités que le marché interbancaire n'était plus capable de fournir (chapitre IV).

Enfin, bien que très ancrées au niveau national, les banques ont aussi de nombreuses interconnections internationales en raison de leurs filiales et de leurs activités spéculatives, en témoigne la crise américaine des *subprimes* qui s'est transmise sans difficulté à l'Europe. Cependant, les superviseurs locaux faisaient face à des limites de juridiction qui les empêchaient de recueillir des informations — souvent cruciales pour l'évaluation du risque — sur les banques contrôlées au-delà de la frontière nationale. Ce constat a contribué à la création en 2011 d'une première autorité bancaire à un niveau européen : l'Autorité bancaire européenne (ABE).

Les premiers pas : 2014-2016

L'instauration de l'Union bancaire résulte d'une triple nécessité pour restaurer la confiance en zone euro : briser le lien entre crise bancaire et dette souveraine, éviter les paniques bancaires, lutter contre la fragmentation des marchés bancaires. Le sommet européen de juin 2012 a donné naissance au projet d'Union bancaire. Cette dernière repose sur trois piliers qui doivent se mettre en place progressivement.

Une union qui repose sur trois piliers

1) Un mécanisme de supervision unique (MSU) par la Banque centrale européenne (BCE) : sa mise en place repose sur plusieurs textes qui confient à la BCE des missions spécifiques en matière de surveillance prudentielle des établissements de crédit.

La nature de cette supervision dépend de la taille de l'établissement bancaire, de son importance pour l'économie de l'État participant, de l'importance de ses activités transfrontalières et du fait qu'il est bénéficiaire du MES ou non. Les établissements « importants » sont directement supervisés par la BCE tandis que la supervision des établissements « moins importants » continue d'être assurée par les autorités nationales, mais sous le contrôle et dans le cadre défini par la BCE. Environ 130 groupes bancaires de la zone euro sont ainsi concernés, soit presque 85 % de l'ensemble des actifs bancaires de la zone euro, dans des proportions diverses selon les pays. Toutefois, si la situation de banques « moins importantes » se dégrade suffisamment pour peser sur la stabilité financière, la BCE peut prendre le relais.

D'après Speyer [2012], la supervision administrée par la BCE poserait plusieurs difficultés en raison d'un possible conflit d'objectifs entre politique monétaire de stabilité des prix et supervision financière de résistance du système bancaire, d'un risque de réputation pour la banque centrale en cas d'échec dans son rôle de superviseur unique et d'un problème de non-contestabilité devant une autre juridiction des décisions prises par la BCE en raison de son indépendance. De ce point de vue, Speyer considère qu'une délégation à l'ABE aurait été plus adéquate.

Toutefois, comme le soulignent Betbèze *et al.* [2011], la crise a montré que les « coûts pour l'économie réelle des crises financières sont en effet trop importants pour que les banques centrales ne s'impliquent pas davantage dans leur prévention ». Pour lutter contre l'instabilité financière et dans un contexte où la réglementation prudentielle monte en puissance, la double compétence « monétaire » et « macroprudentielle » de la BCE est un gage de coordination en faveur d'une meilleure transmission de la politique monétaire par l'intermédiaire du canal du crédit.

2) Un mécanisme de résolution unique (MRU) des défaillances bancaires : dans le cadre de ce second pilier, un Conseil de résolution unique a été créé. Il décide, de façon centralisée, de recapitaliser un établissement ou de le liquider. Le règlement

Le cas italien, une première dérogation au *bail in* ?

Le système bancaire italien présente des fragilités. Fin 2015, le gouvernement italien a décidé de sauver quatre petites banques pour un montant d'environ 100 millions d'euros, sous la pression de l'opinion publique qui voyait d'un mauvais œil que des déposants puissent perdre une partie de leur épargne. Par ailleurs, l'ensemble du secteur est encore exposé à d'importantes créances douteuses dont le montant a été multiplié par deux depuis 2010, pour s'élever à environ 360 milliards d'euros fin 2015. Ces créances pèsent sur le bilan des banques et ce d'autant plus que, d'après Banca d'Italia, l'ensemble du secteur bancaire n'a provisionné que 45,4 % du montant des créances douteuses – alors que les marchés financiers ne les valorisent qu'à hauteur de 25 %.

À défaut d'une recapitalisation bancaire suffisante par le secteur privé et ne pouvant juridiquement plus recourir à un *bail out*, le gouvernement italien a adressé une requête auprès de la Commission européenne en février 2016 pour soutenir son secteur bancaire : il a demandé à ce que l'État puisse apporter des garanties d'État aux nouveaux produits titrisés incorporant des prêts non performants et que ces garanties contingentes soient considérées comme telles et non comme des aides d'État. La Commission a accédé à sa demande en juillet, considérant comme faible le risque d'activation de la garantie publique.

établissant le MRU encadre la création d'un fonds de résolution unique (FRU) et de ses compartiments nationaux, ainsi que les modalités de la prise de décision concernant son utilisation, tandis que l'accord intergouvernemental porte sur le transfert des fonds nationaux vers le FRU et sur l'activation de la mutualisation des compartiments. Seuls les établissements participant au MSU voient le MRU s'appliquer.

Tout d'abord, le principe de renflouement interne (*bail in*) est acté. À partir de janvier 2016, l'entrée en vigueur de la directive « Redressement et résolution des banques » prévoit que, en cas de difficultés, seul le renflouement interne (*bail in*) de la banque est possible, et non plus le renflouement externe (*bail out*) par les pouvoirs publics. À défaut d'une recapitalisation privée, les premiers à payer sont les actionnaires, puis les créanciers par ordre de séniorité détenteurs d'obligations, puis enfin les déposants pour la partie de leurs dépôts supérieure à 100 000 euros. L'article 56 autorise, toutefois, un soutien public dans des circonstances exceptionnelles, pour des montants limités et pour une courte durée. En 2016, l'Italie a demandé l'autorisation à la Commission européenne d'apporter une garantie à une titrisation d'actifs bancaires (voir encadré).

Ensuite, le FRU est institué et financé par le secteur bancaire européen. Ce fonds, abondé par les banques à hauteur de 1 % des dépôts, sera, au bout d'une période de huit ans (2016-2023), mutualisé et doté de 55 milliards d'euros. La mutualisation de ces fonds se fera progressivement, 40 % des fonds devant être mutualisés pendant la première année, 20 % supplémentaires la deuxième année, le reste de façon régulière pendant les six années suivantes. Au-delà de 8 % de renflouement interne, le fonds de résolution peut être mis à contribution, à hauteur de 5 % du passif. La création d'un mécanisme de dernier recours qui pourrait être actionné en cas d'insuffisance du fonds est à l'étude.

3) Une garantie commune des dépôts : ce troisième pilier instaure un système unique de garantie des dépôts. La directive 2014/59/UE sur le renforcement des mécanismes de garantie des dépôts réaffirme la protection des dépôts garantis jusqu'à 100 000 euros. Elle prévoit aussi, au terme d'une période de transition de dix ans, un remboursement plus rapide en cas de faillite bancaire et un financement plus solide des mécanismes nationaux de garantie (0,8 % des dépôts couverts), *via* un prélèvement fiscal sur les banques.

Le fonds européen de garantie est encore à l'état de projet. Son objectif est d'éviter les paniques bancaires. La période transitoire initialement prévue comprend deux sous-périodes :

— pendant la phase de réassurance (2017-2019), le fonds commun de garantie pourra être utilisé à hauteur de 20 % seulement dans le cas où le fonds national serait insuffisant ;

— pendant la période de coassurance (2020-2024), le fonds commun pourra être utilisé simultanément avec le fonds national dès le premier euro. Le fonds commun sera progressivement abondé de 20 % en 2020 à 100 % de ses capacités en 2024, à savoir 0,8 % des dépôts pour un montant de 45 milliards d'euros.

La mise en place d'une évaluation européenne du secteur bancaire

Afin de disposer d'une estimation de l'état de santé du système bancaire européen, la BCE a lancé, fin 2013, conjointement avec l'ABE, une évaluation de la résistance aux risques majeurs (*stress tests*) ainsi que de la qualité des actifs (*Asset Quality Review* ou AQR) des banques. Ce bilan de santé des banques a été jugé plutôt bon.

Les *stress tests* ont pour objectif d'évaluer la résistance des établissements bancaires à une crise majeure : récession avec une forte chute du PIB européen, hausse des taux d'intérêt, chute du prix de l'immobilier, baisse du prix des actifs, etc.

L'AQR vise à vérifier la qualité des valorisations internes des actifs risqués. Ces valorisations internes jouent un rôle clé puisqu'elles servent à calculer l'actif pondéré des risques (*Risk-Weighted Assets* ou RWA). Le ratio fonds propres (au sens du *Common Equity Tier* 1) divisé par le RWA définit l'un des ratios de solvabilité utilisés dans la nouvelle réglementation prudentielle Bâle III. Celui-ci doit être supérieur à 4,5 % à partir de 2015. Bâle III prévoit aussi d'ajouter un coussin de sécurité supplémentaire d'au moins 2,5 % du RWA en 2019. Au total, le ratio devra ainsi être supérieur à 7 % en 2019.

Le dernier *stress test* réalisé par l'ABE remonte à juillet 2016. Les banques chypriotes, grecques et portugaises n'étaient pas testées car jugées trop petites. La banque italienne Monte dei Paschi di Siena a échoué au test, avec un ratio négatif de – 2,4 % en situation de crise. La banque irlandaise Allied Irish Banks a également affiché une fragilité importante avec un ratio de 4,3 %. Ce ratio est inférieur au seuil minimum de 4,5 %. L'ABE a jugé que les banques étaient, dans leur ensemble, solides et qu'elles avaient renforcé leurs fonds propres.

Les défis posés

Pour réussir, l'Union bancaire fait face à deux contraintes : mettre en place rapidement les deux derniers piliers et étendre ses domaines de responsabilité.

Achever rapidement l'Union bancaire

Le poids du passé dans les bilans bancaires révèle un risque non homogène au sein de l'Union bancaire. La mutualisation contenue dans les deuxième et troisième piliers (fonds de résolution unique et assurance commune des dépôts) est censée intervenir progressivement. Toutefois, cette perspective ne fait pas consensus. D'un côté, des pays comme l'Allemagne, la Finlande et les Pays-Bas arguent que l'assurance commune n'a de sens que si les bilans des banques sont purgés et conduisent à des niveaux d'exposition comparables au risque souverain et au risque crédit. Le gouvernement allemand souligne aussi que mettre en place le troisième pilier nécessite au préalable que d'autres directives financières soient effectivement appliquées partout, en particulier celle sur les fonds de garantie nationaux. En effet, comment envisager la première phase de coassurance de la garantie bancaire si certains États ne disposent pas d'un fonds de garantie ? D'un autre côté, la Commission européenne, le FMI, la France et l'Italie mettent plutôt l'accent sur la nécessité d'un achèvement rapide de l'Union bancaire car le manque de confiance grippe le système bancaire européen dans son ensemble et contribue à un mauvais accès au crédit, ce qui retarde la reprise économique.

Il est vrai que la crise a affecté de façon différente les bilans bancaires nationaux. Malgré des recapitalisations et des soutiens publics, nombreuses sont les banques qui portent encore à leur actif des risques importants de pertes liés à des créances devenues douteuses et des obligations souveraines dont il serait judicieux d'apprécier le risque de défaut.

En termes de créances douteuses[1], tous les pays européens ne sont pas soumis au même risque [Antonin *et al.*, 2016]. Au premier trimestre 2016, la Grèce et Chypre ont un ratio en hausse et proche de 40 % des encours de crédit. L'Italie, l'Irlande et le Portugal ne sont pas en reste, avec un ratio autour de 15 %, ce qui est très au-dessus de la moyenne de la zone euro, estimée à 5,7 %. Ce ratio est en général plus élevé pour les PME que pour les grandes entreprises et les ménages. Ces prêts non performants pèsent sur l'activité économique, en particulier dans les pays où l'intermédiation bancaire est importante, ce qui est le cas en zone euro. Les créances douteuses pèsent sur la rentabilité des banques et augmentent les coûts de financement, ce qui a un impact négatif sur l'offre de crédit et donc sur la croissance.

Par ailleurs, les banques européennes détiennent beaucoup d'obligations souveraines dans leurs fonds propres, la réglementation prudentielle y étant très favorable. Souvent, surtout par le passé, leurs choix ont pu s'orienter de façon privilégiée vers des titres nationaux mais aussi, avant les crises de dettes souveraines, vers des pays offrant des taux d'intérêt plus attractifs. À la suite de la crise des dettes souveraines et du défaut grec, beaucoup d'entre elles ont réduit leur exposition. Toutefois, l'exposi-

1 Pour l'ABE, une créance douteuse (ou prêt non performant, pour reprendre la terminologie anglo-saxonne) est définie comme un prêt avec au moins quatre-vingt-dix jours d'impayés.

tion véritable des banques européennes pourrait ne pas être correctement intégrée dans les mesures de solvabilité. Jusqu'à présent, les banques européennes avaient l'autorisation réglementaire de considérer les obligations souveraines de la zone euro comme sans risque. L'intégration d'un risque souverain, même faible, pourrait obliger les banques à se recapitaliser.

En juin 2016, le conseil Ecofin a établi une feuille de route pour faire avancer l'Union bancaire. Le principe du fonds de résolution unique est entériné, mais une discussion est toujours en cours pour définir le mécanisme de dernier recours, qui intervient quand le FRU est épuisé. En revanche, la garantie des dépôts devra attendre que des progrès suffisants soient réalisés dans la réduction et l'homogénéisation des risques bancaires.

Aller plus loin

Pour satisfaire les objectifs fixés par l'Union bancaire, il pourrait être nécessaire d'aller plus loin dans trois domaines d'intervention :

1) étendre la supervision : du fait de la distinction entre banques « importantes » et « moins importantes », de nombreuses banques sont soustraites à la supervision unique de la BCE et notamment les caisses régionales allemandes (*Landesbanken*). L'argument initialement mis en avant est qu'un superviseur central n'a pas d'avantage informationnel sur les petites banques régionales par rapport à un superviseur local. Entre 25 % et 35 % du système bancaire allemand restent ainsi directement supervisés par les autorités nationales. Pourtant, les petites banques régionales peuvent également présenter un risque systémique ;

2) contrôler le *shadow banking* : les nouveaux produits financiers détenus et émis par les institutions financières favorisent l'émergence d'un système de crédit parallèle au système bancaire classique. Ce système parallèle, qui échappe à la régulation prudentielle, facilite l'accès à la liquidité, mais est aussi propice à la mise en place d'effets de levier et favorise les dérives spéculatives. Ce système parallèle appelé *shadow banking* est ignoré par l'Union bancaire. Il pourrait être judicieux d'étendre le rôle du superviseur ou d'œuvrer pour séparer les activités bancaires ;

3) séparer les activités bancaires : depuis 2012, plusieurs pays européens ont adopté, de façon non coordonnée, des mesures nationales, plutôt limitées, de séparation des activités bancaires

afin de sécuriser les dépôts des opérations de marché : le Royaume-Uni, la France, l'Allemagne et la Belgique. La séparation forte préconisée par le projet Barnier en 2014 pourrait crédibiliser l'Union bancaire et ses trois piliers pour deux raisons [Antonin *et al.*, 2014] :

a) le cadre du superviseur unique européen permet à la BCE de contrôler les activités normales des banques et de veiller à ce que les activités spéculatives ne les perturbent pas ;

b) la séparation crédibilise le MRU car il devient plus difficile aux banques d'être trop grosses. Avec la séparation, les pertes des banques de marché ne se répercutent pas (directement) sur les activités de crédit des banques de dépôt, ce qui réduit les risques de faillite des banques de dépôt et donc de mise en œuvre d'un plan de sauvetage coûteux pour les épargnants (*bail in*).

Conclusion

L'Union bancaire est une avancée indéniable si elle restaure la confiance dans le système bancaire et rend plus efficace la politique monétaire en favorisant un meilleur accès au crédit.

La réussite de l'Union bancaire réside dans le développement de l'activité de chaque banque au-delà de son marché national. D'un côté, la supervision et la réglementation unique peuvent faciliter la fusion d'entités bancaires de pays différents ou la création de succursales étrangères. D'un autre côté, la diversification géographique des bilans bancaires peut contribuer à une meilleure mutualisation des chocs asymétriques de conjoncture et à la constitution de véritables groupes bancaires d'envergure européenne.

Les fonds mutualisés offrent des garanties au système bancaire. La mutualisation des chocs asymétriques, par ces fonds, au niveau de la zone euro contribue à une meilleure optimalité de la zone monétaire au sens de Mundell. Encore faut-il que ces fonds soient mis en place rapidement.

L'achèvement de l'Union bancaire devient urgent. Il est nécessaire de dépasser les clivages nationaux, même si c'est au prix d'un allègement partagé, et donc mutualisé au niveau européen, des passifs bancaires nationaux.

Repères bibliographiques

Antonin C., Levasseur S. et Touzé V., « How to address the issue of non-performing loans in the EU », *Document de travail*, décembre 2016 (à paraître).

Antonin C., Sterdyniak H. et Touzé V., « Réglementation des activités financières des banques européennes : un quatrième pilier pour l'Union bancaire », *Blog de l'OFCE*, 30 janvier 2014.

Antonin C. et Touzé V., « Europe bancaire : l'Union fait-elle la force ? », *Lettre de l'OFCE*, n° 46, 18 novembre 2014.

Betbèze J.-P. *et al.*, « Banques centrales et stabilité financière », *Rapport du CAE*, n° 96, 2011.

Speyer B., « EU banking union : do it right, not hastily ! », *Deutsche Bank Research*, vol. 17, 2012.

VII / Les déséquilibres des balances courantes dans la zone euro : comment les résorber ?

Sébastien Villemot

Les déséquilibres des balances courantes sont à la racine de la crise de la zone euro qui a éclaté en 2009. Ils sont perçus par certains comme une menace structurelle pour la survie de l'Union monétaire. De quoi s'agit-il exactement ? Quels mécanismes expliquent ces déséquilibres ? Quelle stratégie pourrait permettre de les résorber ?

La balance courante d'un pays est la somme de la balance commerciale (le solde entre exportations et importations, de marchandises comme de services) et de la balance des revenus et transferts (les salaires, intérêts, dividendes ou dons perçus par les résidents en provenance de l'étranger, auxquels on retranche ceux versés par les unités résidentes vers l'étranger). Elle mesure la capacité d'un pays à financer ses activités économiques : si la balance courante est déficitaire, le pays a besoin d'importer des capitaux et accumule donc des dettes vis-à-vis de l'étranger ; à l'inverse, si elle est créditrice, le pays exporte des capitaux et devient créancier du reste du monde.

En régime de changes flexibles, l'ajustement de la parité monétaire fournit un mécanisme correcteur des déséquilibres devenus insoutenables. Ainsi, si le déficit courant devient excessif au point que les capitaux étrangers cessent de le financer, la monnaie se déprécie ; cette dépréciation va en retour stimuler les exportations et décourager les importations, ce qui conduit à une amélioration de la balance courante.

Dans une union monétaire comme la zone euro, ce mécanisme d'ajustement n'existe plus, par définition. Tout l'enjeu est donc de mettre en place d'autres mécanismes, faute de quoi la cohésion de l'Union monétaire risque de se voir menacée : c'est précisément le point auquel nous sommes aujourd'hui arrivés.

La dynamique des comptes courants en zone euro

Le graphique 1 donne l'évolution des comptes courants des pays de la zone euro. On y distingue clairement deux périodes. La première, qui s'étend de 2001 à 2008, est celle du creusement des déséquilibres entre pays dits du Nord et ceux dits du Sud. L'Allemagne, qui était initialement en situation de léger déficit, construit progressivement un excédent très important ; un mouvement similaire s'observe aux Pays-Bas et en Autriche. À l'inverse, Italie, Espagne, Grèce et Portugal voient leurs déficits se creuser très significativement. La France, qui était en 2001 en situation d'excédent, voit durant cette période sa position extérieure se dégrader et se range donc du côté des pays du Sud selon ce critère.

À partir de 2009, les déficits se résorbent, pour quasiment disparaître en 2015, tandis les excédents tendent à augmenter. Le processus de divergence des comptes courants a donc subi un net coup d'arrêt, sans pour autant que s'amorce une réelle reconvergence : l'écart reste très significatif entre pays du Nord et du Sud. La rupture se situe plutôt dans le rapport de la zone euro au reste du monde : alors que la zone dans son ensemble avait un compte courant proche de l'équilibre entre 2001 et 2008, un excédent significatif se forme à partir de 2010, pour atteindre 3,1 % du PIB en 2015.

On peut donc dire que, du point de vue des balances courantes, la période 2001-2008 est celle d'un creusement important des déséquilibres internes à la zone, parallèlement au maintien de l'équilibre externe. À l'inverse, la période 2009-2015 correspond à une stabilisation — voire une légère diminution — des déséquilibres internes, et simultanément à la formation d'un important déséquilibre externe.

Le rôle des balances courantes dans la crise de la zone euro

Dans quelle mesure la crise de la zone euro est-elle la conséquence des déficits extérieurs des pays du Sud ?

Graphique 1. **Comptes courants dans la zone euro**
En % du PIB de la zone euro

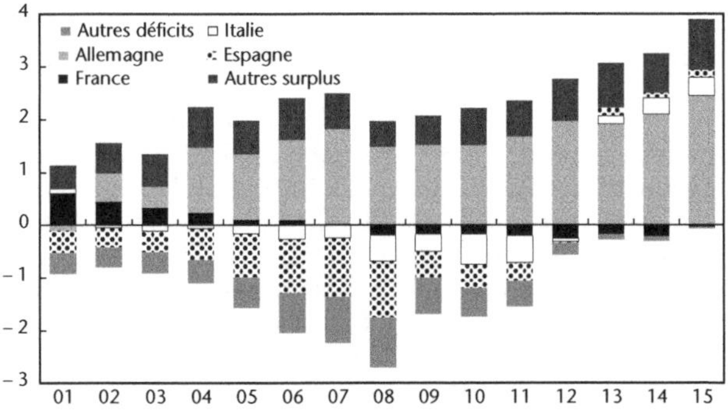

Source : FMI.

Rappelons qu'un compte courant en déficit n'est pas nécessairement le symptôme d'un déséquilibre. Dans le cas d'un pays avec un fort potentiel de croissance, qui se trouve dans une dynamique de rattrapage par rapport à des pays plus avancés, il peut s'agir d'une logique vertueuse, les financements extérieurs accélérant le développement du pays. La croissance future doit permettre de rembourser les passifs contractés aujourd'hui, et le déséquilibre n'est donc que transitoire. C'est précisément ce type de raisonnement qui était dominant avant la crise financière pour justifier les déficits courants des pays du sud de l'Europe [Blanchard et Giavazzi, 2002].

Mais, en réalité, le processus à l'œuvre en zone euro ne correspondait pas à ce scénario optimiste et relevait au contraire d'une dynamique insoutenable de divergence. Les capitaux entrants dans les pays du Sud ne se sont pas orientés vers des secteurs à forts gains de productivité, mais ont plutôt alimenté des bulles immobilières et financé des secteurs peu innovants ainsi que du crédit à la consommation. Dès lors, le déficit courant n'était pas soutenable, et un ajustement devenait inévitable. La crise financière mondiale de 2007-2008 en a été l'élément déclencheur.

Pour faire face à ce phénomène d'« arrêt brutal » des flux financiers entrants, il n'était plus possible d'utiliser l'arme de la dévaluation, tandis que le défaut n'était considéré que comme une solution de dernière extrémité (il a finalement eu lieu sur une partie de la dette grecque). D'autres mécanismes d'ajustement ont donc été utilisés, reposant principalement sur des politiques d'austérité budgétaire et de déflation salariale.

Si les pays en déficit extérieur ont focalisé l'attention, il ne faut pas perdre de vue que d'autres pays, l'Allemagne en tête, affichent un excédent courant très important. Les déficits sont certes plus inquiétants, car ils peuvent déclencher des crises de financement. Mais les excédents des uns étant nécessairement les déficits des autres, les pays du nord de l'Europe ne peuvent pas se considérer étrangers aux maux qui sévissent dans le Sud. Et même s'il est vrai qu'une part importante de l'excédent allemand se réalise vis-à-vis de pays extérieurs à la zone euro, cela n'est pas non plus sans conséquence : il s'ensuit une pression à la hausse sur l'euro qui, une fois matérialisée, dégradera encore plus la compétitivité des pays du Sud.

La divergence nominale et le rôle des salaires

Le débat sur les causes des déséquilibres de comptes courants s'est largement focalisé sur la question des salaires. Le récit dominant impute les déficits du Sud à des progressions salariales trop importantes, qui auraient dégradé la compétitivité de ces pays et donc creusé leur déficit commercial. Les politiques d'austérité auraient mis une fin salutaire à ces errements.

Même si cette explication comporte une part de vérité, elle est cependant bien trop réductrice.

Tout d'abord, la compétitivité, définie comme la capacité d'une entreprise ou d'un pays à être plus performant que ses concurrents dans la bataille pour les parts de marché, n'est pas le seul facteur qui explique les balances courantes. L'autre déterminant fondamental est la demande intérieure. Un pays qui se trouve en situation conjoncturelle dégradée (avec un écart de production négatif) importe moins et a donc une balance courante artificiellement améliorée. La situation conjoncturelle des partenaires commerciaux importe également, puisque, si ceux-ci ont un écart de production positif, ils vont dynamiser les exportations domestiques.

Il n'en demeure pas moins que la compétitivité reste un déterminant important de la dynamique des surplus et des déficits courants. Mais elle-même ne se réduit pas aux salaires. On distingue généralement deux dimensions de la compétitivité : la compétitivité-prix, c'est-à-dire le prix relatif des exportations domestiques par rapport au prix de celles des concurrents, et la compétitivité hors prix, qui regroupe les facteurs plus difficilement quantifiables tels que le positionnement de gamme ou les effets de marque et de réputation. Pour finir, la compétitivité-prix elle-même ne se réduit pas aux salaires, car elle dépend également de la productivité et des marges. Les salaires ne sont donc clairement pas le seul facteur qui importe, même s'ils jouent un rôle majeur.

Peut-on ensuite affirmer que les pays du Sud ont vu des hausses de salaires inconsidérées ? Pour le déterminer, il faut s'intéresser aux coûts salariaux unitaires (CSU).

Si l'on observe les CSU *réels*, c'est-à-dire l'évolution des salaires réels rapportés aux gains de productivité, on constate que ceux-ci sont restés stables dans le Nord, tandis qu'ils ont diminué dans le sud de l'Europe. Autrement dit, le pouvoir d'achat des salariés a augmenté moins vite que la productivité dans le Sud, ce qui signifie que le partage de la valeur ajoutée y a évolué au détriment des salariés (et donc au bénéfice des profits). On peut difficilement parler d'augmentations salariales inconsidérées.

En revanche, le panorama est différent lorsqu'on observe les CSU *nominaux*, c'est-à-dire l'évolution des salaires nominaux rapportés aux gains de productivité (voir graphique 2). Depuis les débuts de l'Union monétaire en 1999 jusqu'en 2009, la divergence a été forte entre d'un côté l'Allemagne qui s'est imposé une franche modération salariale, et de l'autre l'Espagne et l'Italie dont les salaires nominaux ont été dynamiques. La France, comme souvent, se trouve dans une situation intermédiaire. Cette divergence est de nature nominale car, comme nous l'avons vu, les salaires réels n'ont pas divergé. Autrement dit, il s'agit d'un pur différentiel d'inflation.

Le graphique 2 comporte également une droite matérialisant la « règle d'or » en matière salariale au sein d'une union monétaire : elle correspond à des CSU nominaux qui augmentent de 2 % par an, c'est-à-dire au rythme de la cible de la Banque centrale européenne (BCE). Dans la mesure où les CSU nominaux

Graphique 2. **Coûts salariaux unitaires nominaux**
Indice, base 100 en 1999

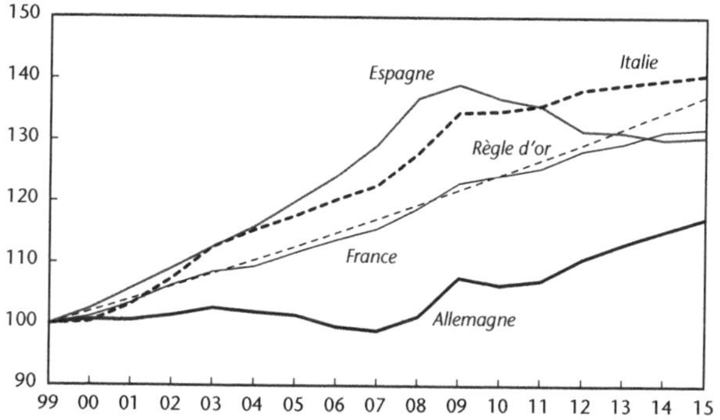

Source : Commission européenne.

déterminent fortement l'inflation, le suivi de cette règle permettrait d'une part de garantir que la cible de la BCE est atteinte, et d'autre part que la compétitivité-prix relative des pays n'est pas altérée. Il est intéressant de noter que la France a presque parfaitement suivi cette règle, au moins jusqu'en 2012. En revanche, tant l'Allemagne que les pays du Sud l'ont violée avant la crise, mais dans des directions opposées[1].

À partir de 2009, on observe un processus d'ajustement, inégal selon les pays. L'Italie modère ses salaires et comble une partie de sa déviation par rapport à la trajectoire des 2 % annuels. L'Espagne s'impose un ajustement beaucoup plus violent, avec l'entrée dans une dynamique salariale déflationniste. L'Allemagne fait en revanche peu d'efforts : loin de combler l'écart qu'elle a creusé durant les années 2000-2007, elle a même continué à l'aggraver légèrement dans les dernières années.

Dans quelle mesure la divergence des salaires nominaux explique-t-elle celle des balances courantes ? C'est en dernière analyse une question empirique, qui ne peut se trancher que par

1 Voir Chagny et Husson [2014] pour une analyse plus détaillée des différents régimes salariaux en Europe.

des travaux économétriques. Ragot et Le Moigne [2015] estiment ainsi que près de la moitié de l'écart de performances commerciales entre la France et l'Allemagne sur la période 1993-2012 s'explique par la divergence salariale, le reste pouvant être principalement attribué à des facteurs de compétitivité hors prix. En tout état de cause, même si les salaires n'expliquent pas tout, ils constituent un déterminant important de la balance courante et ont contribué à la divergence jusqu'à la crise, puis à la timide reconvergence ensuite.

Quelle est l'ampleur des désajustements restants ?

À la lecture du graphique 1, on serait tenté de conclure que le problème des déséquilibres des balances courantes est dorénavant réglé : en 2015, tous les pays de la zone soit étaient en excédent courant, soit avaient réduit leur déficit courant à une valeur quasiment négligeable.

La réalité est cependant bien plus nuancée et les déséquilibres restent très importants.

En effet, une part significative de l'amélioration des soldes courants des pays du sud de l'Europe provient non pas d'une amélioration de leurs performances à l'exportation, mais plutôt d'une diminution de leurs importations. Ceci est la conséquence de la compression de la demande intérieure, à la suite de la crise des dettes souveraines et des politiques d'austérité. Lorsque ces pays auront retrouvé une situation conjoncturelle plus favorable, leurs importations redémarreront, creusant à nouveau la balance commerciale. Sauf à considérer que la crise est le lot perpétuel de ces pays, on ne peut donc pas affirmer que la résorption actuelle de leur déficit commercial corresponde à un ajustement pérenne.

En outre, la zone euro dans son ensemble est en situation de déséquilibre extérieur. Son solde courant agrégé en 2015 était excédentaire à hauteur de 365 milliards de dollars, soit plus que l'excédent de la Chine ! Dans un système de changes flottants — la parité de l'euro vis-à-vis des autres monnaies étant fixée par le marché —, il est illusoire d'espérer soutenir un tel excédent sur le long terme. Même si pour le moment le différentiel de politiques monétaires de part et d'autre de l'Atlantique permet de maintenir le *statu quo*, l'inévitable normalisation de la politique de la BCE entraînera une appréciation de l'euro. Or, si la hiérarchie des balances courantes au sein de la zone se maintient à son niveau actuel, cela nous ramènera à une situation très proche de celle de 2008, avec des déficits au Sud et des excédents au Nord...

Pour procéder à un diagnostic de l'état des désajustements nominaux au sein de la zone euro, nous avons appliqué la méthodologie dite des « taux de change d'équilibre fondamentaux ». Il s'agit de calculer l'ajustement du niveau général des prix au sein de chaque économie de la zone qui serait compatible avec un équilibre interne (c'est-à-dire la pleine utilisation des facteurs de production, travail comme capital) et un équilibre externe (c'est-à-dire un déficit courant suffisamment faible pour limiter l'endettement extérieur — ou inversement un excédent n'entraînant pas l'accumulation excessive de créances vis-à-vis de l'étranger)[2]. Le tableau 1 indique les ajustements nominaux qui restaient selon nous nécessaires en 2015, calculés par rapport à l'Allemagne (utilisée comme point de référence arbitraire)[3].

Tableau 1. **Ajustements nominaux nécessaires en 2015 (par rapport à l'Allemagne)**
En %

Allemagne	0
Autriche	– 7
Belgique	– 24
Espagne	– 19
France	– 18
Grèce	– 31
Italie	– 16
Pays-Bas	– 5
Portugal	– 22

Source : calculs OFCE.

Plusieurs groupes de pays émergent. L'Autriche et les Pays-Bas sont presque sur un pied d'égalité avec l'Allemagne. À l'opposé, la Grèce doit effectuer une dépréciation de plus de 30 % par

2 Voir iAGS [2014] pour une description plus précise de la méthodologie.
3 Les ajustements rapportés étant calculés relativement à un pays de référence (ici l'Allemagne), ils rendent compte des déséquilibres internes à la zone euro, mais pas de l'ajustement nécessaire par rapport au reste du monde. L'euro étant clairement sous-évalué aujourd'hui, une appréciation réelle de celui-ci est donc par ailleurs nécessaire.

rapport à l'Allemagne, en dépit des sacrifices déjà consentis : même si la balance courante grecque est aujourd'hui proche de l'équilibre, son écart de production est très creusé, et l'amélioration est donc largement conjoncturelle. Entre ces deux extrêmes se trouve un groupe de pays qui doit procéder à une dépréciation d'environ 15 % à 20 % par rapport à l'Allemagne, et qui inclut la France, l'Espagne, le Portugal et l'Italie.

Le niveau des désajustements identifiés peut paraître très important. Il faut toutefois garder en tête que nos calculs reposent sur l'hypothèse que l'ajustement de la compétitivité passe uniquement par des facteurs prix, et que la compétitivité hors prix reste inchangée ; les ajustements nominaux à effectuer seront inférieurs si les pays du Sud parviennent à améliorer leur compétitivité hors prix, ce qui pose toutefois des difficultés spécifiques.

Concevoir une stratégie coopérative de convergence

La stratégie suivie jusqu'à présent pour résorber les déséquilibres n'a donc pas véritablement porté ses fruits. Elle a essentiellement consisté à faire baisser les coûts salariaux dans les pays du sud de l'Europe, par le biais de plusieurs politiques : baisse du salaire minimum et du traitement des fonctionnaires, coupes dans les régimes de protection sociale, facilitation des licenciements, décentralisation des négociations salariales... Mais cette stratégie a échoué pour deux raisons.

D'une part, même si les coûts salariaux expliquent effectivement une partie de la divergence, nous avons vu qu'ils ne sont pas les seuls déterminants de la compétitivité. L'augmentation des marges, particulièrement visible en Grèce, a largement neutralisé les baisses de salaires, si bien que les prix à l'exportation ont peu évolué. Et, pour l'instant, rien ne montre que le rétablissement des marges entretienne la dynamique de l'investissement.

D'autre part, l'austérité salariale a eu des effets collatéraux pires que le mal qu'elle était censée soigner. L'effondrement de la demande interne qui s'en est suivi a plongé les pays du Sud dans une crise dont ils ne se sont pas encore remis. En outre, l'ajustement généralisé à la baisse des salaires a entraîné la zone euro dans une spirale déflationniste lourde de dangers. Le caractère asymétrique de la surveillance macroéconomique est ici en cause : en pratique, seuls les pays déficitaires sont contraints de s'ajuster, mais pas les pays excédentaires, ce qui crée un biais déflationniste.

Pour éviter une nouvelle crise qui pourrait menacer l'existence même de l'euro, il est donc nécessaire de mettre en œuvre une stratégie de convergence différente, qui serait de nature coopérative et reposerait sur deux piliers : la convergence nominale et la convergence réelle.

Pour assurer la convergence nominale, c'est-à-dire harmoniser les taux d'inflation et éviter des divergences de compétitivité-prix, l'instrument le plus efficace serait une politique salariale coordonnée. Celle-ci reposerait sur la « règle d'or » déjà exposée plus haut. Dans le court terme, il faudrait toutefois amender cette règle afin de corriger les déséquilibres nominaux identifiés dans le tableau 1. Dans cette perspective, les salaires des pays du Nord augmenteraient plus vite que la règle pendant une certaine période, et ceux du Sud moins vite. Dans la mesure où les marges sont à des niveaux historiquement élevés dans les pays du Sud, l'ajustement pourrait aussi y inclure une diminution des profits, ce qui permettrait d'y maintenir une dynamique salariale plus soutenue.

Mettre en œuvre cette politique implique de modifier les outils de surveillance macroéconomique. La procédure pour les déséquilibres macroéconomiques (*Macroeconomic Imbalance Procedure*) doit être rendue symétrique, en pénalisant également les pays aux salaires trop peu dynamiques. Mais, au-delà, de nouveaux outils de coordination doivent être mis en place : généralisation du salaire minimum, mise en place de règles institutionnelles d'indexation salariale, recentralisation et coordination des négociations salariales, extension des conventions collectives...

Toutefois, même si la convergence nominale est une condition nécessaire pour la cohérence de l'Union monétaire, elle ne saurait être suffisante. Elle doit s'accompagner d'une convergence des capacités productives et des niveaux de vie. Cet enjeu dépasse d'ailleurs la seule question des déséquilibres courants, puisqu'il touche à la conception même que nous nous faisons de l'Europe.

Une politique d'investissements massifs doit ainsi être mise en œuvre dans les pays du Sud, orientée vers les secteurs à fort potentiel en gains de productivité, afin de regagner en compétitivité hors prix. Compte tenu de l'état dégradé de la conjoncture et des finances publiques, une partie de ces investissements doivent être financés par des transferts en provenance du Nord. Le plan Juncker aurait pu être le vecteur de cette politique, mais il est nettement sous-dimensionné et n'est pas ciblé sur les pays et les secteurs où les besoins sont les plus importants. En outre, dans le cas spécifique de la Grèce, une remise partielle de la dette — notoirement insoutenable — est nécessaire pour permettre un nouveau départ.

L'obstacle aux changements proposés ici est principalement de nature politique, et ce sont les pays créanciers du Nord qui disposent du rapport de force permettant ou non de les mettre en œuvre. Ces pays peuvent avoir aujourd'hui le sentiment que leur position favorable les dispense d'accepter une réorientation de la zone euro. Ce serait cependant un calcul à courte vue : les déséquilibres internes à la zone euro menacent son existence même, en particulier en cas de nouveau choc financier. Et si l'éclatement de la zone serait douloureux pour les pays du Sud, les pays du Nord auraient également beaucoup à y perdre, notamment sur les créances qu'ils ont accumulées vis-à-vis de leurs partenaires. Gageons qu'une prise de conscience des défis communs comme des intérêts nationaux bien compris permettra un sursaut salvateur.

Repères bibliographiques

Blanchard O. et Giavazzi F., « Current account deficits in the Euro area : the end of the Feldstein-Horioka puzzle ? », *Brookings Papers on Economic Activity*, vol. 33, n° 2, 2002.

Chagny O. et Husson M., « Quel régime salarial optimal pour la zone euro ? », *La Revue de l'Ires*, n° 81, 2014.

iAGS, *The Independent Annual Growth Survey 2015. A Diverging Europe on the Edge*, 2014.

Ragot X. et Le Moigne M., « France et Allemagne : une histoire du désajustement européen », *Revue de l'OFCE*, n° 142, 2015.

VIII/ Les inégalités en Europe durant la Grande Récession

Guillaume Allègre

Malgré certaines améliorations, l'Union européenne ressent encore les cicatrices de la crise en termes d'inégalités et de pauvreté. Comme nous le verrons, il y a une très grande hétérogénéité dans l'Union européenne en termes d'inégalités, que ce soit en niveau ou en évolution, ce qui pourrait être une justification en faveur d'une politique coordonnée.

Les inégalités sont sur toutes les lèvres mondiales depuis la parution du *Capital au XXI*[e] *siècle* de Thomas Piketty [2013] mais il n'y a pas de véritable débat européen sur ce sujet. Des questions importantes ne sont pas soulevées ou ne sont pas assez entendues : devons-nous nous préoccuper prioritairement de convergence régionale, comme nous le faisons traditionnellement en Europe ? Ne devrions-nous pas plutôt nous préoccuper de pauvreté relative ou absolue ? Que signifie l'égalité économique dans une perspective européenne : les inégalités devraient-elles être mesurées au niveau national ou au niveau européen ? Eurostat ne suit pas le chemin de Milanovic [2013], anciennement à la Banque mondiale, qui préconise l'utilisation d'indicateurs d'inégalités globales analysant la distribution des revenus individuels indépendamment de la résidence nationale. Les indicateurs calculés par Eurostat au niveau européen sont les moyennes pondérées des indicateurs nationaux, qui ne prennent donc pas en compte les inégalités entre les nations. Il a été soutenu qu'il est légitime de mesurer les inégalités au niveau national parce que c'est le niveau de la communauté politique où les politiques publiques sont mises en œuvre. Mais que sont l'Union européenne et la zone euro sinon des communautés politiques ? Quand dix-neuf nations partagent une monnaie commune et décident de poursuivre la consolidation budgétaire au nom d'un bien public commun, n'est-il pas temps pour elles de penser à une façon commune de considérer la question de la justice économique ?

Les inégalités de niveau de vie dans l'Union européenne

Bien que l'économie européenne montre des signes d'amélioration, la crise est loin d'être terminée et, dans toute l'Europe, les gens souffrent encore des conséquences sociales de la crise. De nombreux Européens ont connu des baisses de niveau de vie pendant la crise, entraînant une augmentation de l'inégalité des revenus et de la pauvreté, et conduisant à la privation matérielle. Ces changements peuvent être mesurés de nombreuses façons.

Les parts de revenus par décile sont une façon de mesurer l'inégalité des revenus en distinguant dans l'évolution des inégalités ce qui provient du haut ou du bas de la distribution des revenus. Le graphique 1 montre l'évolution des inégalités entre 2008 et 2015 dans le haut de la distribution (S10/S6) et dans le bas (S6/S1). S10/S6 est le ratio de la part des revenus gagnés par les 10 % des ménages les plus riches (S10) sur la part des revenus perçus par les ménages du milieu de la distribution, ici le 6e décile de niveau de vie (S6), le niveau de vie étant calculé en tenant compte du revenu et de la composition des ménages (présence d'un conjoint et/ou d'enfants). S6/S1 compare les revenus du milieu de la distribution aux revenus du bas de la distribution. Une augmentation de S6/S1 signale une augmentation des inégalités dans le bas de la distribution : le revenu des plus pauvres décroît relativement au revenu perçu par les ménages du milieu de la distribution. Le graphique 1 montre que les pays du sud de l'Europe qui ont été durement touchés par la crise ont connu les plus fortes augmentations de l'inégalité, tirées principalement par une augmentation de l'inégalité dans la partie inférieure de la distribution (S6/S1). Notons également que, durant la période, l'Allemagne, moins touchée par le chômage que les pays du sud de l'Europe, a également vu les inégalités augmenter dans la partie basse de la distribution. Les inégalités dans le haut de la distribution (S10/S6) sont plus stables.

Graphique 1. **Évolution des parts de niveau de vie entre 2008 et 2015**
En points de pourcentage

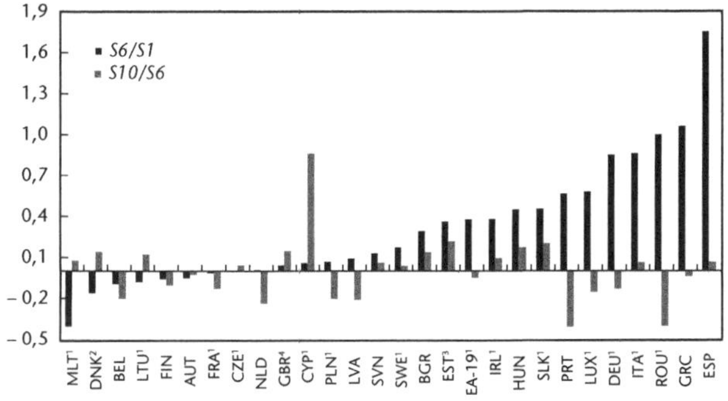

Note : [1] 2008-2014, [2] 2011-2015, [3] 2008-2013, [4] 2012-2015.

Source : Eurostat.

Si l'on s'intéresse maintenant aux inégalités en niveau et non plus en évolution, on se rend compte qu'il existe une assez grande hétérogénéité parmi les pays européens. Le graphique 2 présente l'indice de Gini des niveaux de vie pour les vingt-huit pays de l'Union européenne et les États-Unis. Le coefficient de Gini varie de 0 à 1, où 0 signifie l'égalité parfaite et 1 une inégalité parfaite. Dans l'Union européenne, l'indice de Gini des niveaux de vie varie entre 0,250 en Slovénie et 0,356 en Estonie. La moyenne pondérée est égale à 0,309. La France (0,292) a un niveau d'inégalité plus faible que la moyenne européenne. Tous les pays européens sont plus égalitaires que les États-Unis (0,394). Les pays du sud de l'Europe ont tendance à être plus inégalitaires tandis que les pays de l'Est se situent aux deux extrêmes. En moyenne, les pays de l'Union européenne et de la zone euro sont bien plus égalitaires que les États-Unis.

Eurostat calcule une moyenne pondérée des indices de Gini des niveaux de vie. Cet indicateur ne prend pas en compte les inégalités entre les pays européens. Un pays peut avoir très peu (beaucoup) d'inégalités en son sein mais beaucoup (très peu) par rapport à ses voisins. La moyenne pondérée va dès lors sous-estimer (surestimer) les inégalités au niveau global. Il est

Graphique 2. **L'indice de Gini des niveaux de vie, 2014**

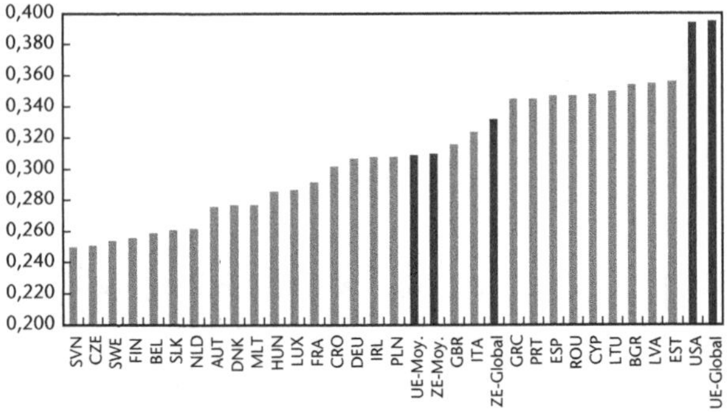

Source : Eurostat.

néanmoins possible de comparer l'Europe dans son ensemble aux États-Unis. Si l'on fait ce calcul, en 2014 on trouve un indice de Gini global des niveaux de vie au niveau de l'Union européenne de 0,395, légèrement supérieur à celui qui prévaut aux États-Unis. En revanche, le niveau global d'inégalité dans la zone euro (0,332) est bien inférieur à celui qui prévaut dans l'Union européenne ou aux États-Unis.

La fin de la convergence régionale

Une autre façon d'analyser l'évolution des inégalités est de regarder si les niveaux de PIB dans les régions européennes convergent ou divergent. La convergence régionale est l'un des objectifs des politiques européennes. Le Fonds européen de développement régional (FEDER), créé en 1975, est en effet le premier et encore le principal instrument de politique publique visant à réduire les inégalités en Europe. Avant la crise, une convergence régionale pouvait être observée. Le graphique 3 montre que, entre 2005 et 2008, les régions qui ont connu la plus forte croissance annuelle moyenne sont également celles qui avaient le plus bas niveau initial de PIB, ce qui implique une convergence entre les régions européennes. On peut soute-

Graphique 3. **Convergence régionale dans l'Union européenne 2005-2008**

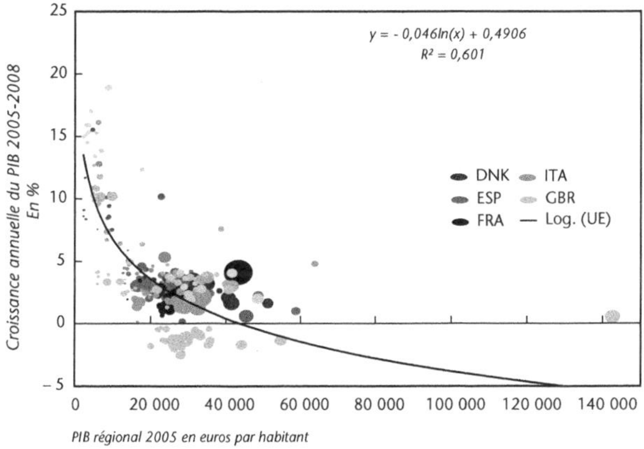

Source : Eurostat.

nir que cette convergence a été obtenue au prix d'une dynamique insoutenable (comme en Grèce). Ce point est plutôt difficile à prouver ou à rejeter mais peut être avancé comme une mise en garde générale contre tous les processus de convergence. Néanmoins, la convergence n'est pas inattendue d'un point de vue théorique et empirique. Dans les modèles de croissance « à la Solow » [1956] les écarts de revenus réels par habitant sont censés se réduire du fait de rendements décroissants des investissements et de diffusion des technologies. Les études empiriques montrent une tendance à la convergence des régions qui ont des caractéristiques institutionnelles semblables (convergence conditionnelle). Il semble donc que le fardeau de la preuve devrait reposer sur les sceptiques.

La grande récession n'a pas été ressentie également en Europe. De toute évidence, certaines régions ont été touchées plus que d'autres. Le graphique 4 montre une image bien différente de celle du graphique 3, avec la fin de la convergence régionale depuis le début de la crise (2008) jusqu'en 2014 : durant cette période, il n'y a plus de lien entre PIB initial et croissance

Graphique 4. **Fin de la convergence régionale 2008-2014**

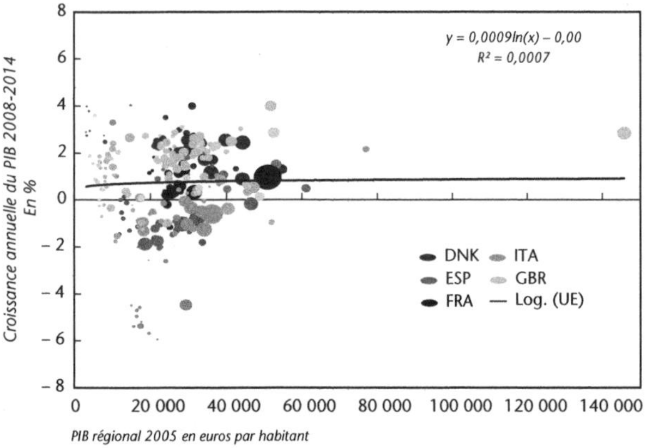

Source : Eurostat.

annuelle. On peut dire que la crise a arrêté le processus de convergence régionale dans l'Union européenne.

Pauvreté et privation matérielle pendant la crise

En ce qui concerne la pauvreté et l'analyse de son évolution au fil du temps, une des mesures importantes est le risque de pauvreté ancré dans le temps (graphique 5). Le taux de pauvreté en 2015 ancré dans le temps (2008) est la part des personnes vivant l'année 2015 sous le seuil de pauvreté de l'année 2008, réévalué par l'inflation, le seuil de pauvreté étant fixé à 60 % du niveau de vie médian[1]. Une augmentation du taux de pauvreté ancré dans le temps signale que le niveau de vie des ménages à faible revenu s'est détérioré par rapport à 2008. À l'inverse, une diminution indique que les niveaux de vie se sont améliorés par rapport à l'année de référence. Le graphique 5 montre que le

1 Par rapport au taux de pauvreté traditionnel, le seuil n'évolue pas avec le revenu médian : une baisse du revenu médian n'implique donc pas une baisse du seuil de pauvreté.

Graphique 5. **Évolution du taux de pauvreté ancré dans le temps entre 2008 et 2015**

En points de pourcentage

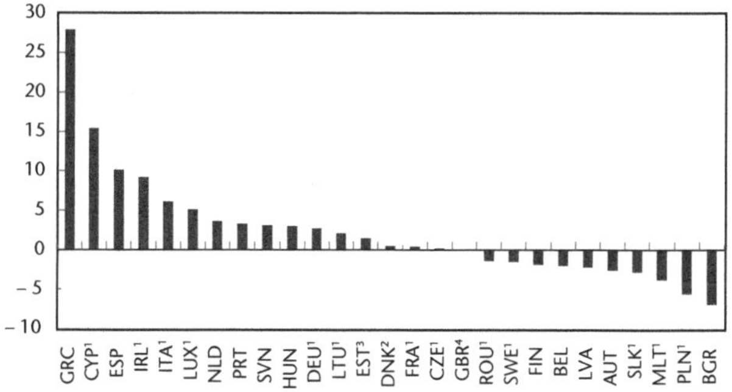

Note : [1] 2008-2014, [2] 2011-2015, [3] 2008-2013, [4] 2012-2014.

Source : Eurostat.

risque de pauvreté ancré dans le temps a augmenté dans de nombreux pays européens. La Grèce se distingue par une augmentation de plus de 25 points de pourcentage. L'augmentation a également été forte en Espagne (10 points). Cela pourrait avoir des effets durables (qualifiés de scarification). À l'autre extrémité de l'échelle, la Pologne et la Bulgarie ont connu des baisses de plus de 5 points de pourcentage au cours de la période.

Le taux de privation matérielle est un autre indicateur de pauvreté. Au lieu de s'intéresser au revenu, la privation matérielle désigne l'incapacité de se procurer certains biens/services considérés par la plupart des individus comme souhaitables, voire nécessaires. Le graphique 6 montre l'évolution du taux de privation matérielle aiguë entre 2008 et 2015 pour la population entière et pour les enfants (âgés de 0 à 18 ans). Le taux de privation matérielle aiguë mesure la part de la population incapable de couvrir les dépenses liées à au moins quatre des neuf éléments suivants : paiement du loyer, d'un emprunt hypothécaire ou des factures d'eau/gaz/électricité, chauffage adapté du logement, dépenses imprévues, consommation régulière de viande ou d'une autre source de protéines, vacances, téléviseur, réfrigérateur, voiture, téléphone. Sur le graphique 6, on peut voir que la Grèce, Chypre,

Graphique 6. **Évolution du taux de privation matérielle aiguë, 2008-2015**
En points de pourcentage

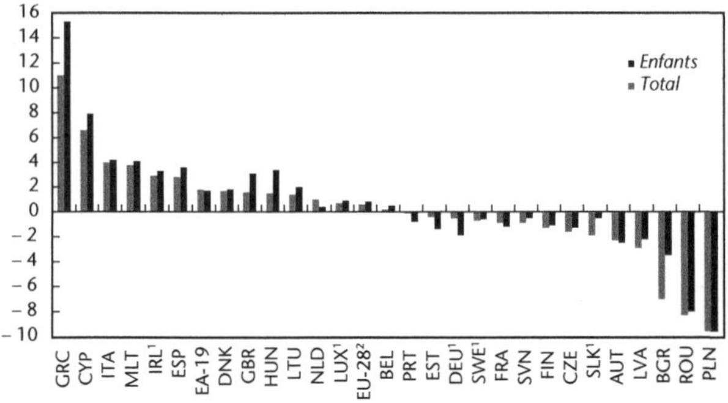

Note : [1] 2008-2014, [2]2010-2015.

Source : Eurostat.

la Hongrie et Malte ont connu les plus fortes hausses de privation matérielle aiguë au cours de la période, avec des augmentations de l'ordre de 6 à 10 points de pourcentage pour la population totale et jusqu'à plus de 13 points pour les enfants. À l'autre extrémité, la Pologne et la Roumanie ont connu des baisses. Pour les enfants, le classement des pays reflète dans une large mesure le classement pour la population entière. Parmi les pays qui connaissent la plus forte augmentation de privation matérielle aiguë, il y a une tendance à ce que l'augmentation pour les enfants soit encore plus élevée. Les enfants sont ainsi plus durement touchés par la privation matérielle que les autres groupes d'âge. La privation matérielle croissante chez les enfants est très préoccupante, car le manque d'opportunités pendant l'enfance est susceptible d'avoir des conséquences néfastes à long terme pour les personnes concernées ainsi que pour la société dans son ensemble.

La baisse de long terme de la part des salaires dans la valeur ajoutée

Le graphique 7 illustre la baisse depuis 1980 de la part des salaires dans la valeur ajoutée. La littérature énumère plusieurs

Graphique 7. **Partage de la valeur ajoutée : part des salaires ajustée**
En %

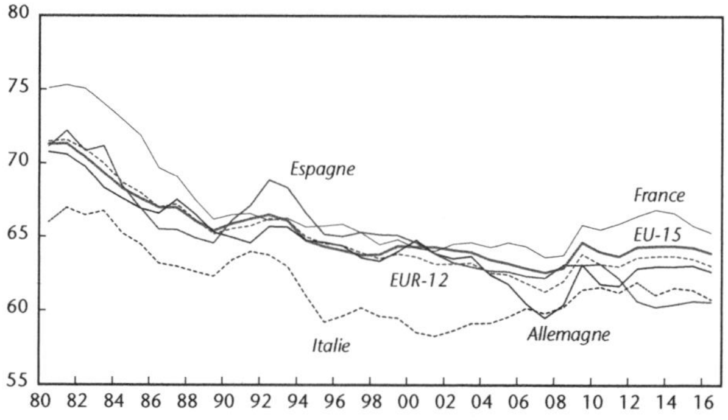

Sources : Eurostat.

raisons interdépendantes pour expliquer ce phénomène : un changement de pouvoir de négociation entre le travail et le capital, la mondialisation, la financiarisation, le repli de l'État-providence et les changements technologiques.

La mise en avant de la relation entre la croissance et la répartition du revenu national remonte à Kalecki [1954]. Selon l'auteur, l'augmentation de la part des salaires stimule la demande globale, puisque la propension à consommer des salaires est plus élevée que celle à consommer les revenus du capital. Lorsqu'un régime de croissance est principalement attribuable à l'augmentation de la part des salaires, on parle de croissance tirée par les salaires. En revanche, Goodwin [1967] a fait valoir que des profits plus élevés se traduisent par des investissements plus importants, et donc une plus grande part du profit dans la valeur ajoutée conduirait à une croissance plus élevée (demande tirée par les profits). La littérature empirique qui tente de capter l'effet de l'évolution de la part des salaires et du profit dans la valeur ajoutée sur la demande agrégée ne départage pas ces deux points de vue théoriques opposés [Stockhammer et Onaran, 2013]. En résumé, la plupart des études concluent que la demande intérieure est tirée par les salaires car la consommation est beaucoup plus sensible que l'investissement à une augmentation de la part des profits dans la valeur ajoutée. Toutefois, la demande est tirée par les profits lorsque l'effet de la répartition de la valeur ajoutée sur les exportations est suffisamment élevé pour compenser les effets sur la demande intérieure. Ceci est plausible seulement dans des petites économies ouvertes et donc seulement pour une partie des États de l'Union européenne, mais certainement pas pour l'Union européenne, ou la zone euro prises dans leur ensemble.

Conclusion

Alors que l'inégalité est d'abord et avant tout une question de justice sociale, elle devient de plus en plus une préoccupation macroéconomique. Fitoussi et Saraceno [2011], font valoir que, d'un point de vue macroéconomique, une augmentation des inégalités de revenus opère une redistribution des ménages à forte propension à consommer vers des ménages ayant une plus faible propension à consommer. L'augmentation des inégalités tend alors à déprimer la demande globale. L'augmentation corollaire de l'épargne n'aurait pas d'effet bénéfique en cas d'excès d'épargne (*savings glut*). Pour Summers [2014], nous sommes dans une telle situation et l'augmentation des inégalités est ainsi un facteur de stagnation séculaire, soit une période prolongée de croissance faible, voire nulle, causée par une trop faible demande. Il y a aussi un risque de cercle vicieux où une faible croissance augmente les inégalités par le canal du chômage et où les inégalités affaiblissent la croissance du fait de l'insuffisance d'investissement dans le capital humain. En effet, l'accès au marché du crédit étant limité pour financer l'investissement en éducation, une augmentation des inégalités réduit le revenu que les moins aisés peuvent consacrer à l'éducation.

Repères bibliographiques

FITOUSSI J.-P., *Rapport sur l'état de l'Union européenne*, Fayard/Presses de Sciences Po, Paris, 2005.

FITOUSSI J.-P. et SARACENO F., « Inequality, the crisis and after », *Rivista di Politica Economica*, n° 1, 2011, p. 9-28.

GOODWIN R. M., « A growth cycle », *in* FEINSTEIN C. H. (dir.), *Socialism, Capitalism and Economic Growth*, Cambridge University Press, Cambridge, 1967.

KALECKI M., *Theory of Economic Dynamics*, Routledge, Londres/New York, 1954.

Milanovic B., « Global income inequality by the numbers : in history and now », *Global Policy*, vol. 4, n° 2, mai 2013.

Piketty T., *Le Capital au xxi*e *siècle*, Seuil, Paris, 2013.

Solow R., « A contribution to the theory of economic growth », *The Quarterly Journal of Economics*, vol. 70, n° 1, février 1956.

Stockhammer E. et Onaran Ö., « Wage-led growth. Theory, evidence, policy », *Review of Keynesian Economics*, vol. 1, n° 1, 2013, p. 61-78.

Summers L., « U.S. economic prospects : secular stagnation, hysteresis, and the zero lower bound », *Business Economics*, vol. 49, n° 2, 2014.

IX/ Démographie et marché du travail depuis 2008

Gérard Cornilleau, Sabine Le Bayon et Christine Rifflart

L'intégration des pays de l'Est à l'Union européenne[1] (UE), la crise financière et la crise des dettes souveraines ont entraîné une augmentation de l'hétérogénéité au sein de l'UE. Ce qui vaut pour la situation globale des économies vaut aussi pour la population et les marchés du travail. De 2008 à aujourd'hui, le chômage a connu des évolutions extrêmement variées, allant d'une baisse de 2,6 points en Allemagne à une hausse de 17,4 points en Grèce.

L'emploi a suivi des trajectoires très différentes selon les pays. Le premier facteur qui oppose fortement les pays entre eux est lié aux grands écarts de niveau de développement. Les pays les plus riches (les pays de l'Europe des quinze) connaissent une croissance faible, alors que les ex-pays de l'Est, qui sont en phase de rattrapage, connaissent une croissance plus élevée (Pologne, Hongrie).

Le second facteur de différenciation des trajectoires de l'emploi a trait à l'ampleur de la crise de 2008-2009 qui a frappé différemment les pays européens. Les pays de la zone euro fortement touchés par la crise (Espagne, Grèce, Italie, Portugal) ont dû supporter en outre le poids des ajustements budgétaires imposés par les règles communautaires. La combinaison du choc initial et de la politique restrictive de la zone euro a conduit à

1 Avec dix nouveaux États membres en mai 2004 (Chypre, Estonie, Hongrie, Lettonie, Lituanie, Malte, Pologne, République tchèque, Slovaquie et Slovénie), deux en janvier 2007 (Bulgarie et Roumanie) et la Croatie en juillet 2013.

une chute de l'emploi telle que celui-ci n'a pas encore retrouvé son niveau d'avant-crise.

Les évolutions sur le marché du travail résultent aussi de situations démographiques très contrastées entre les pays qui voient leur population baisser du fait de l'émigration massive de leurs ressortissants (Roumanie), ceux où le renouvellement naturel de la population (qui résulte de l'écart entre les naissances et les décès) n'est plus assuré mais qui compensent cette évolution par l'immigration (Allemagne) et ceux qui connaissent un taux de natalité satisfaisant, sans mouvement migratoire important (France).

L'équilibre global du marché du travail

La croissance et l'emploi n'ont pas suivi le même chemin dans l'ensemble des pays de l'Union. Sur la période 2008-2015, les nouveaux pays de l'Est européen (PECO) ont connu une croissance légèrement plus forte que celle des autres pays (sauf Slovénie et Croatie).

Cette hétérogénéité se retrouve dans l'évolution des marchés du travail. Entre 2008 et 2015, le taux de chômage a augmenté dans vingt-quatre des vingt-huit pays de l'UE. Seuls l'Allemagne, la Hongrie, Malte et le Royaume-Uni échappent à la règle. Tous les autres pays ont connu une hausse de leur taux de chômage qui s'échelonne entre 0,4 point (Pologne) et 17,2 points (Grèce).

La disparité des taux de chômage rend difficile l'établissement d'une typologie des marchés du travail. Pour autant, l'analyse des dynamiques qui sont à l'œuvre du côté de l'emploi et de la population fournit des éléments intéressants, tant les mouvements peuvent être amples. C'est ce que l'on voit en décomposant l'évolution du chômage à partir de ses composantes d'emploi et de population[2] (tableau 1).

---

2 Pour rappel, on a U = PA – N = PAT * (PA / PAT) – N = PAT * taux d'activité – N, avec U le nombre de chômeurs, PA la population active, PAT la population en âge de travailler (15-64 ans) et N l'emploi.

Tableau 1. **Contribution de la démographie et de l'emploi à la variation du taux de chômage (2008-2015)**

En %

	Taux de chômage 2015	Variation du taux de chômage 2015-2008	Contribution[1] à la variation du taux de chômage de...		
			Population en âge de travailler	Taux d'activité	Emploi
Allemagne	4,7	– 2,9	0,5	2,1	– 5,6
Hongrie	6,8	– 1,0	– 3,4	10,0	– 9,0
Malte	5,4	– 0,6	0,4	11,8	– 14,5
Royaume-Uni	5,4	– 0,3	2,2	1,3	– 3,8
Pologne	7,6	0,4	– 4,2	5,8	– 1,6
Rép. tchèque	5,1	0,7	– 5,2	5,6	0,0
Estonie	6,3	0,7	– 5,4	3,0	3,0
Roumanie	7,0	1,0	– 11,5	4,6	7,7
Suède	7,6	1,3	1,9	2,7	– 3,4
Belgique	8,6	1,5	2,7	0,7	– 1,8
Autriche	5,8	1,6	2,9	2,0	– 3,3
Luxembourg	6,7	1,6	16,7	5,4	– 20,7
Slovaquie	11,5	2,0	– 1,4	2,7	0,7
Lettonie	10,1	2,0	– 14,8	1,9	14,9
Danemark	6,3	2,8	1,0	– 2,7	4,4
Irlande	9,6	3,1	– 2,7	– 2,8	8,4
Finlande	9,6	3,2	– 1,6	– 0,2	4,9
France	10,4	3,4	2,7	1,8	– 1,1
Lituanie	9,3	3,4	– 11,4	7,2	7,3
Bulgarie	9,2	3,6	– 8,8	2,1	10,4
Pays-Bas	6,9	4,2	– 0,2	0,3	4,1
Slovénie	9,1	4,6	– 2,7	0,0	7,4
Portugal	12,9	4,9	– 4,0	– 0,7	9,6
Italie	12,1	5,3	0,8	1,6	3,0
Croatie	16,5	7,8	– 2,4	1,5	8,8
Espagne	22,2	10,9	– 2,5	1,9	11,7
Chypre	15,2	11,4	6,0	0,3	5,1
Grèce	25,1	17,2	– 5,0	1,6	20,9

1. Quand la contribution de l'emploi est négative (positive), cela signifie que l'emploi pousse à la baisse (hausse) le taux de chômage, c'est-à-dire qu'il y a des créations (destructions) nettes d'emplois. Quand la contribution de la population en âge de travailler et celle du taux d'activité sont positives (négatives), cela pousse à la hausse (baisse) le taux de chômage, c'est-à-dire que la population en âge de travailler et le taux d'activité augmentent (baissent).
La somme des contributions de la démographie (évolutions de la population en âge de travailler et des taux d'activité) et de l'emploi ne correspond pas exactement à la variation des taux de chômage à cause des effets croisés entre les composantes.

Sources : Eurostat ; calculs des auteurs.

Une même hausse du chômage peut résulter de combinaisons opposées : entre 2008 et 2015, le taux de chômage augmente de 3 points en France comme en Irlande, alors que le premier pays crée des emplois et que le second en détruit. Les créations d'emplois sont en effet plus que compensées en France par la poussée démographique et la hausse du taux d'activité, tandis qu'à l'inverse, en Irlande, la population en âge de travailler (15-64 ans) et le taux d'activité (population active/population en âge de travailler) se contractent, limitant la progression du taux de chômage.

Ainsi, dans plusieurs PECO (Lettonie, Bulgarie, Croatie, Roumanie, Slovénie, Lituanie) et aussi dans les pays en crise (Grèce, Espagne, Portugal, Italie, Irlande), la chute de l'emploi reste l'élément majeur qui explique la hausse du taux de chômage. Simultanément, c'est dans ces mêmes pays, auxquels on peut rajouter les PECO qui ont enregistré une baisse moindre de l'emploi (Estonie), voire une hausse (Hongrie, Pologne), que la population en âge de travailler se contracte le plus. Au final, tous les PECO enregistrent une contribution très négative de l'évolution de la population en âge de travailler qui vient atténuer, voire compenser la contribution très positive des destructions d'emplois à la hausse du taux de chômage.

Mais, alors que la population en âge de travailler se contracte, on observe dans beaucoup de pays une forte hausse des taux d'activité qui pousse le taux de chômage à la hausse (contribution autour de 5 % pour la Roumanie, la République tchèque et la Pologne, 7,2 % pour la Lituanie et 10 % pour la Hongrie).

Dans la plupart des pays situés au cœur de l'Europe (Allemagne, Royaume-Uni, Belgique, Autriche, France), la hausse de l'emploi est en partie ou plus que compensée par la croissance de la population en âge de travailler. Font exception l'Italie et les Pays-Bas où l'emploi diminue. À l'opposé de ce que l'on observe dans les PECO, en Grèce et en Espagne, la hausse de la population en âge de travailler se combine à la hausse du taux d'activité. En Allemagne, l'accroissement de la population active ne suffit pas à annuler l'effet favorable des créations d'emplois sur le taux de chômage.

Déformation de la structure de la population

Le taux d'activité de la population augmente dans pratiquement tous les pays (sauf Irlande, Finlande, Danemark et Portugal), quelle que soit l'évolution de la population des 15-64 ans (chute supérieure à 10 % en Lettonie, Roumanie et Lituanie ; hausse d'environ 3 % en Belgique, en France et en Autriche entre 2008 et 2015). Les variations des taux d'activité résultent

Tableau 2. **Taux d'activité par âge**

En points de %

	Évolution entre 2008 et 2015			
	Taux d'activité 15-64 ans	**Taux d'activité 15-24 ans**	**Taux d'activité 25-54 ans**	**Taux d'activité 55-64 ans**
Malte	8,5	- 1,0	10,2	11,0
Hongrie	7,4	5,9	5,5	15,5
Lituanie	5,7	3,8	3,9	10,8
Rép. tchèque	4,4	1,3	1,3	8,5
Pologne	4,3	- 0,2	2,7	13,5
Luxembourg	4,1	6,2	4,3	5,3
Roumanie	3,2	0,9	4,2	- 1,5
Estonie	2,5	0,9	- 0,3	3,6
Suède	2,4	2,3	0,5	5,9
Slovaquie	2,1	- 0,7	- 0,5	9,9
Allemagne	1,7	- 3,3	0,5	10,7
Espagne	1,6	- 13,0	3,3	8,6
Lettonie	1,6	- 1,6	- 1,1	2,5
Autriche	1,6	- 2,1	1,5	8,9
Bulgarie	1,5	- 4,2	- 2,3	9,3
France	1,4	- 1,4	- 1,0	12,8
Grèce	1,2	- 4,1	3,4	- 2,8
Croatie	1,1	- 3,3	2,4	4,9
Italie	1,1	- 4,6	- 1,3	15,7
Royaume-Uni	1,1	- 2,6	1,0	4,6
Belgique	0,5	- 3,4	- 0,6	10,5
Pays-Bas	0,3	- 4,7	- 1,4	12,4
Chypre	0,2	- 3,9	1,5	0,8
Slovénie	0,0	- 7,5	0,7	5,5
Finlande	- 0,1	- 1,3	- 2,0	5,5
Portugal	- 0,5	- 7,4	0,8	2,7
Irlande	- 2,1	- 17,0	- 0,7	4,3
Danemark	- 2,2	- 10,0	- 2,7	7,7

Sources : Eurostat ; calculs des auteurs.

à la fois de l'évolution de la structure par âge de la population et des changements de comportement, en particulier en fonction de la situation économique et sociale (allongement de la scolarité, progression de l'activité féminine) ou des réformes législatives (report de l'âge du départ en retraite, etc.).

Les taux d'activité de la population la plus jeune ont poursuivi leur baisse structurelle liée à l'allongement des études, mais ils ont aussi pâti de la crise qui a contribué au recul de l'âge d'entrée dans la vie active (Irlande, Espagne, Danemark). Dans les pays qui voient leur population générale baisser, la réduction de la population en âge de travailler a été particulièrement forte pour les 15-24 ans : entre 20 et 40 % entre 2008 et 2015 dans la plupart des PECO et de l'ordre de 10 % en Espagne, Grèce, Portugal et Hongrie. Seuls certains PECO enregistrent une hausse du taux d'activité chez les plus jeunes (tableau 2).

D'autre part, on observe un vieillissement généralisé des populations. À l'exception des pays nordiques, tous les pays de l'UE enregistrent une hausse de la part de la population des 55-64 ans dans les 15-64 ans, ce qui aurait dû pousser à la baisse le taux d'activité global.

Mais comme, simultanément, dans la plupart des pays, on a reculé l'âge de la retraite, les taux d'activité des seniors ont fortement augmenté (de 10,7 points en Allemagne, 12,8 en France et même 15,7 points en Italie).

Démographie et migrations

Comme on vient de le voir, l'évolution de la population active dépend de la structure par âge de la population en âge de travailler. Celle-ci résulte elle-même de l'évolution naturelle de la population induite par les évolutions passées de la natalité et des migrations, et du solde migratoire présent. Nous analysons donc ici l'évolution de la population à partir de sa composante naturelle (naissances-décès) et du solde migratoire. Ce dernier est fortement influencé par la situation économique du pays d'accueil et du pays d'origine, par la situation politique des pays non européens et par la législation qui favorise plus ou moins la mobilité des travailleurs et des populations. L'intégration de nouveaux pays dans l'UE depuis 2004 a beaucoup influé sur

Graphique 1. **Croissance de la population entre 2008 et 2015 et ses composantes**

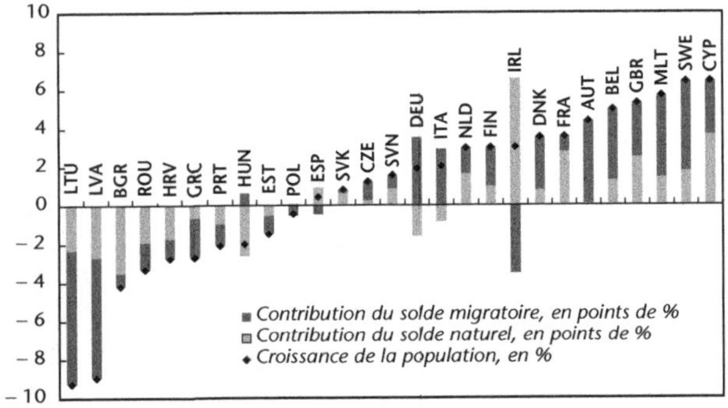

LTU (Lituanie), LVA (Lettonie), BGR (Bulgarie), ROU (Roumanie), HRV (Croatie), GRC (Grèce), PRT (Portugal), HUN (Hongrie), EST (Estonie), POL (Pologne), ESP (Espagne), SVK (Slovaquie), CZE (République tchèque), SVN (Slovénie), DEU (Allemagne), ITA (Italie), NLD (Pays-Bas), FIN (Finlande), IRL (Irlande), DNK (Danemark), FRA (France), AUT (Autriche), BEL (Belgique), GBR (Royaume-Uni), MLT (Malte), SWE (Suède), CYP (Chypre).

Sources : Eurostat ; instituts de statistiques nationaux ; calculs des auteurs.

les mouvements de population — d'âge actif tout particulièrement — au sein de l'UE[3].

Cette analyse, menée sur la période 2008-2015, permet d'identifier quatre catégories de pays :

— une première catégorie dont la population augmente sur la période du fait d'un solde naturel et d'un solde migratoire positifs (partie droite du graphique). On y trouve la plupart des pays du cœur de l'UE (France, Belgique, Pays-Bas, Autriche, Royaume-Uni, Suède, Finlande et Danemark) ainsi que la République tchèque, la Slovénie et la Slovaquie ;

3 Les autres pays membres peuvent décider de restreindre l'accès des travailleurs des nouveaux pays à leur marché du travail pendant au plus sept ans. C'est ce qu'ont fait de nombreux États pour les PECO entrés en 2004 et 2007. Aujourd'hui, seule la Croatie, entrée en 2013, connaît un droit d'accès restreint au marché du travail de cinq pays, et ce jusqu'à juillet 2020 au plus tard.

— l'Allemagne et l'Italie qui, pénalisées par la faiblesse de leur taux de natalité, voient leur population augmenter avec l'arrivée de nouveaux migrants. La même combinaison se retrouve en Hongrie, mais le solde migratoire demeure insuffisant pour compenser l'insuffisance des naissances ;

— à l'inverse, l'Irlande, l'Espagne et la Pologne bénéficient d'une démographie naturelle positive, mais enregistrent un solde migratoire négatif, notamment, pour les deux premiers pays cités, en raison de la crise. Si la population augmente en Irlande et en Espagne entre 2008 et 2015, elle baisse légèrement en Pologne ;

— enfin, un dernier groupe de pays voient leur population baisser du fait à la fois d'un solde migratoire et d'un solde naturel négatifs. On y trouve la plupart des pays récemment entrés dans l'UE ainsi que la Grèce et le Portugal.

Depuis fin 2014, l'arrivée de nombreux réfugiés en Europe a poussé à la hausse la population d'un certain nombre de pays, même si au niveau de l'UE cette vague migratoire reste limitée dans son ensemble (0,3 % de sa population).

Au-delà de ces traits généraux de la démographie européenne, on examinera maintenant plus finement l'évolution démographique au sein des quatre grands pays de la zone euro : Allemagne, France, Espagne et Italie.

Allemagne

Le recul de la population allemande, amorcé en 2003, a pris fin en 2011. Le solde naturel continue d'être négatif, de l'ordre de 200 000 par an. Mais le solde migratoire, qui était négatif en 2008 et 2009 au plus fort de la crise, a depuis connu une augmentation régulière, avant d'exploser en 2015 (+ 1,1 million), dépassant même le pic de 1992 (+ 782 000). La forte immigration dans les années 2011-2014 provient essentiellement de la levée des restrictions mises à la libre circulation des citoyens des nouveaux États membres entrés dans l'UE en 2004 et 2007, avec 44 % des entrées nettes entre 2008 et 2014 qui proviennent de Pologne, de Roumanie, de Bulgarie et de Hongrie. Les pays en crise d'Europe du Sud (Espagne, Italie, Portugal et Grèce) ont aussi vu les départs (nets des retours) vers l'Allemagne s'accélérer depuis 2010, puisque 194 000 personnes se sont installées en Allemagne entre 2008 et 2014, soit 11 % du flux total. Enfin, les entrées nettes des personnes demandant l'asile en Allemagne et originaires des Balkans (Albanie, Kosovo, Bosnie, Macédoine et Serbie) et de pays en guerre (notamment Syrie, Irak et Afghanistan) représentent respectivement 7 % du flux et 10 % sur cette période (avec une très nette accélération en 2014). En 2015, les demandes d'asile expliquent la majorité du solde migratoire allemand : l'immigration en provenance de Syrie, d'Afghanistan et d'Irak a explosé. La Syrie représente ainsi 26 % des entrées nettes en 2015 ; si l'on y ajoute l'Afghanistan et l'Irak, cela correspond à 50 %.

L'effet de l'immigration sur le marché du travail est visible dans l'évolution de la population en âge de travailler qui a moins reculé à partir de 2008 et a même recommencé à croître depuis 2012. Ceci a permis un accroissement plus rapide de la population active (+ 0,5 % en moyenne par an entre 2012 et 2015) qui avait auparavant bénéficié d'une hausse du taux d'activité.

France

Selon l'Insee, la population française (Mayotte incluse) comptait 66,6 millions d'habitants au 1er janvier 2016, soit 247 000 de plus qu'un an plus tôt. Cette hausse est portée essentiellement par le solde naturel (+ 200 000 en 2015). Cette évolution, fondée sur des estimations provisoires, confirme les tendances passées issues des recensements jusqu'en 2013. Entre 2008 et 2013, la population s'est accrue de 1,8 million, dont 1,6 million du seul fait du solde naturel. Le taux d'accroissement démographique de la France reste l'un des plus élevés de l'UE : 0,4 % par an en moyenne, devant le Royaume-Uni qui enregistre un taux de 0,35 % et surtout la moitié des pays de l'UE qui ont un taux négatif. Pour autant, l'accroissement naturel de la population décroît régulièrement depuis plusieurs années (+ 243 000 en 2013 contre 286 000 en 2008), sous l'effet conjugué de la baisse des naissances (réduction conjointe de la population féminine en âge de procréer et de la fécondité) et de la hausse des décès sur la période (vieillissement de la population). Concernant le solde migratoire, les flux nets restent positifs mais faibles (46 000 en moyenne par an, avec une hausse à 72 000 en 2012, suivie d'une évaluation à 47 000 en 2014 et 2015).

Cette évolution favorable de la natalité en France n'empêche pas le vieillissement en cours de la population liée à l'accroissement du nombre de *papy-boomers*. La part de la population des plus de 65 ans dans la population totale s'est accrue de 2,4 points entre le 1er janvier 2006 et le 1er janvier 2016 et s'élève désormais à 18,8 %. Au contraire, la part des moins de 20 ans a perdu 0,5 point, pour atteindre 24,6 % de la population totale au 1er janvier 2016, et celle des 20-64 ans 1,9 point, à 56,6 % aujourd'hui.

Espagne

Après une période de très forte croissance jusqu'en 2008 (1,8 % en moyenne par an depuis 2001), la population espagnole diminue depuis 2012, bien qu'en 2015 elle se soit à peu près stabilisée. Cette inflexion résulte de deux facteurs : une baisse de la fécondité et un fort effet migratoire. Alors que le nombre d'enfants par femme était passé d'un point bas de 1,16 à 1,44 entre la fin des années 1990 et 2008, il a baissé entre 2009 et 2013 jusqu'à 1,23 et remonte légèrement depuis. Pour comparaison, il atteint 2,00 en France en 2015. Le solde naturel est ainsi devenu négatif pour la première fois en 2015. L'autre facteur qui pèse sur la croissance démographique espagnole et surtout qui lui donne son profil cyclique est le solde migratoire. Très positif pendant la période de forte expansion économique d'avant-crise (plus de 690 000 entrées nettes par an entre 2002 et 2008), il n'a cessé de baisser jusqu'à devenir négatif en 2012 et surtout 2013 (– 252 000). Avec la reprise de la croissance économique en 2014, la tendance s'est de nouveau inversée et le solde migratoire n'était plus que faiblement négatif en 2015 (– 8 000). Pour autant, ces mouvements ne sont pas uniformes selon la nationalité des migrants. Ainsi, le solde migratoire des Espagnols, légèrement négatif en 2008, s'est creusé depuis lors (– 47 000 en 2015). Les ressortissants espagnols sont de plus en plus nombreux à quitter un pays où les perspectives d'emploi restent difficiles. Le chômage frappe plus d'un tiers des jeunes actifs de moins de 30 ans (43,3 % pour la tranche des 20-24 ans et 26 % pour ceux âgés entre 25-29 ans). Dès lors la migration vers des pays où le marché du travail est plus dynamique s'accroît. Les principaux pays de destination sont le Royaume-Uni, l'Allemagne, la France et les États-Unis. À l'inverse, les résidents étrangers, nombreux à partir entre 2008 et 2013, sont moins volontaires au départ depuis la reprise économique, tout comme on observe un retournement de tendance du nombre d'étrangers qui viennent s'installer en Espagne en 2014. Au final, le solde migratoire des étrangers est passé de + 312 000 en 2008 (dont 126 000 en provenance d'Amérique latine, 80 000 de l'UE et 68 000 d'Afrique) à – 210 000 en 2013, avant de redevenir positif en 2015 (+ 38 000).

Dans ce contexte d'émigration, couplé à la chute des naissances entre la fin des années 1970 et le milieu des années 1990 (et donc à la chute de la population en âge de travailler aujourd'hui), la structure par âge de la population s'est profondément modifiée. Entre 2009 et 2015, la population des 15-64 ans accuse une baisse de plus d'un million de personnes. Elle est de plus très largement concentrée sur la tranche la plus jeune, celle des 20-34 ans (– 2,2 millions, dont – 1,3 million pour les ressortissants espagnols et – 0,9 pour les autres nationalités sur la période).

Italie

Alors que la population italienne augmentait de 0,4 % en moyenne entre 2008 et 2013, grâce à un solde migratoire positif et en dépit d'un solde naturel négatif, elle s'est stabilisée en 2014 et a baissé pour la première fois en 2015, le solde migratoire n'ayant pas suffi à compenser le déficit du solde naturel. Ce dernier s'est accru énormément ces dernières années, pour atteindre – 160 000 en 2015, un niveau proche de celui de l'Allemagne alors que la population totale est inférieure de 25 % à la population allemande. Dans le même temps, le solde migratoire a diminué ces dernières années et a été très faible en 2015 (+ 31 000), alors qu'il était d'environ 420 000 en 2008, en raison de la crise économique qu'a traversée le pays. Les entrées d'étrangers ont nettement diminué : celles en provenance de Roumanie ont été divisées par plus de trois sur cette période (175 000 au pic en 2008, 51 000 en 2014), celles en provenance du Maroc par deux (37 000 en 2008, 18 000 en 2014). Les départs d'étrangers sont restés relativement faibles. En revanche, le solde migratoire des Italiens s'est creusé sur la période récente (à – 60 000 en 2014), avec une émigration vers le Royaume-Uni, l'Allemagne, la Suisse et la France principalement. Paradoxalement, alors que le pays est un point d'entrée important pour les réfugiés, les demandes d'asile sont restées modérées, à 83 000 en 2015, une partie des arrivants demandant vraisemblablement l'asile dans d'autres pays européens. Les demandes d'asile en Italie concernent essentiellement des pays africains (22 % pour le Nigeria, 10 % pour la Gambie, 6 % pour le Mali) et asiatiques (12 % pour le Pakistan, 7 % pour le Bangladesh).

In fine, malgré une population relativement dynamique jusqu'en 2013, la population en âge de travailler s'est accrue de seulement 0,8 % sur l'ensemble de la période 2018-2015, du fait du vieillissement important de la population. La population active a été un peu plus dynamique (+ 2,6 %), grâce au rattrapage du taux d'activité des seniors en lien avec la réforme des retraites.

Conclusion

La croissance de l'emploi ne suffit pas à expliquer les variations du taux de chômage. Les évolutions de population expliquent une grande partie de la réponse du taux de chômage à l'évolution de l'emploi. Et l'entrée des PECO dans l'UE et la libre circulation des travailleurs qui va de pair (au-delà des contraintes temporaires) ont encore augmenté les possibilités d'ajustement. Si certains pays tels que l'Espagne ou le Portugal ont depuis longtemps connu d'importantes vagues de migration vers des destinations plus porteuses en matière d'emploi, l'entrée des PECO marque une nouvelle étape dans le processus européen d'intégration des marchés du travail.

Il est très dommageable que ce mouvement de convergence se produise dans un contexte de faible croissance globale, d'autant qu'un autre défi à relever dans les prochaines années est celui de l'intégration des réfugiés (chapitre X). Si, à court terme, cet apport de population représente un coût pour les pays européens, il constitue également une chance de croissance à moyen terme, permettant d'atténuer l'insuffisance démographique structurelle au sein des grands pays européens vieillissants.

Repères bibliographiques

OCDE, *Perspectives de migrations internationales*, différents numéros.

X/ L'Europe face aux réfugiés : un aperçu

Jules Bergeot, Gérard Cornilleau et Sabine Le Bayon

Avant d'être un sujet politique et économique, la « crise migratoire » est avant tout une crise humanitaire. Le Haut Commissariat aux réfugiés (HCR) a dénombré plus d'un million d'arrivées de migrants venus en Europe par la Méditerranée en 2015, et près de 5 000 morts ou disparus en 2016. Entre janvier et novembre 2016, sur les 350 000 arrivées en Europe par la mer, 26 % venaient de Syrie, 13 % d'Afghanistan, 9 % du Nigeria, 8 % d'Irak et 5 % d'Érythrée. Cette immigration s'explique essentiellement par la situation politique de ces pays (violence, guerre civile…) plutôt que par des considérations économiques.

L'accord dit de « réadmission » du 18 mars 2016 signé entre la Turquie et l'Union européenne[1] semble avoir significativement tari les flux : les données du HCR enregistrent une baisse très nette dès le 20 mars en direction de la Grèce, tandis que les flux en direction de l'Italie augmentent progressivement. Le pourcentage de morts ou disparus par rapport aux arrivées a aussi fortement progressé, les réfugiés empruntant des routes plus longues (Libye-Italie) et plus risquées.

Un afflux sans précédent

Ces arrivées massives de réfugiés se sont traduites par une envolée du nombre de demandes d'asile adressées à l'Union

1 Les migrants arrivés en Grèce illégalement sont renvoyés en Turquie.

européenne (graphique 1). Alors que les demandes d'asile progressaient peu jusqu'à début 2014, l'augmentation a ensuite été rapide : le passage à 60 000 demandes mensuelles a eu lieu au second semestre 2014, avant une hausse massive à partir de juin 2015. Après le pic de l'automne 2015 (plus de 160 000 par mois), on observe un reflux, même si l'on reste à des niveaux élevés (121 000 en septembre 2016). Il faut préciser qu'il existe un décalage entre l'arrivée et l'enregistrement : en Allemagne, par exemple, un très grand nombre de personnes arrivées en 2015 n'ont été enregistrées comme demandeuses d'asile qu'en 2016. Au final, en 2015, 1,3 million de demandes d'asiles ont été enregistrées, soit plus de 4 fois la moyenne annuelle de la dernière décennie.

Ces demandes d'asile se répartissent très inégalement entre les pays de l'UE, l'Allemagne en captant une part importante, avec 476 000 en 2015. La Hongrie a également subi une forte hausse des demandes d'asile (177 000) en raison de sa position géographique sur la route des Balkans[2], alors que certaines personnes ne faisaient que transiter par le pays avant de rejoindre l'Allemagne ou la Suède. La Suède a ainsi enregistré 162 000 demandes, l'Autriche 88 000. Dans les autres pays européens, les demandes d'asile sont restées limitées, notamment dans les pays d'Europe de l'Est. Rapportées à la population, les demandes d'asile sont fortes en Hongrie et en Suède (1,7 %), en Autriche (1 %), en Allemagne et en Finlande (0,6 %). Le rétablissement des contrôles aux frontières au sein de l'espace Schengen en raison de circonstances exceptionnelles (entre la Suède et le Danemark, et entre l'Autriche et la Slovénie ainsi que la Hongrie) ou la fermeture des frontières à la limite de l'espace Schengen (entre la Hongrie et la Serbie par exemple, *via* une clôture) ont induit une forte baisse du nombre de demandes d'asile en Hongrie, en Suède et en Autriche fin 2015-début 2016. Depuis lors, l'Allemagne enregistre la majorité des demandes d'asile en Europe (63 % en septembre 2016).

---

2 Cet itinéraire est emprunté par les migrants en provenance de Turquie pour gagner les pays de l'Ouest et du Nord de l'Europe (Allemagne, Suède, Royaume-Uni), *via* la Grèce, la Macédoine, la Serbie et la Hongrie.

Graphique 1. **Évolution du nombre de demandes d'asile adressées à l'Union européenne**

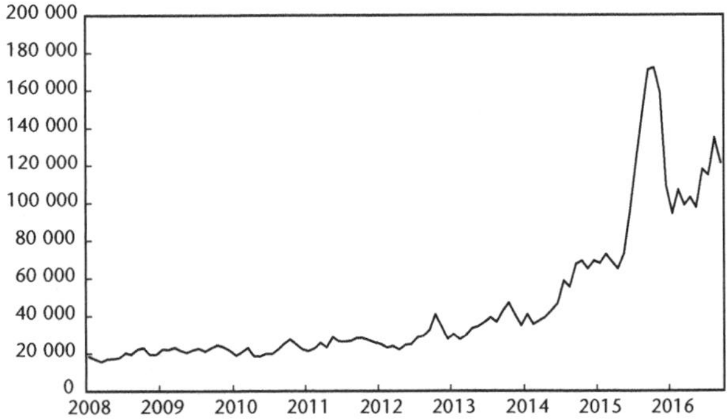

Source : Eurostat.

Quels peuvent être les effets de cette vague de réfugiés sur le marché du travail des pays d'accueil, leur PIB et leurs finances publiques ? Les éléments empiriques disponibles sur l'immigration passée permettent d'éclairer le débat, même s'il ne faut pas sous-estimer les particularités de chaque vague migratoire (nombre de migrants, présence ou non d'une diaspora, langue, niveau d'études, conjoncture économique dans le pays d'accueil…).

Les caractéristiques des réfugiés

Il faut faire la distinction entre l'immigration forcée (liée à la situation politique du pays d'origine) et l'immigration volontaire (encadré).

Les motifs de migration ont des effets non négligeables sur les taux d'emploi et de chômage, et le salaire des migrants. Ainsi, la situation des réfugiés est moins bonne que celle des autres immigrés, qui est elle-même dégradée par rapport à celle des natifs [OCDE, 2016]. Les écarts avec les autres immigrés et surtout avec les natifs s'estompent avec le temps, sans jamais s'annuler. Pourquoi ?

Réfugié, migrant, demandeur d'asile : de qui parle-t-on ?

Selon les Nations unies, un migrant vit dans un pays différent de son pays natal et a l'intention d'y rester pour une période minimum d'un an, ce qui exclut de fait les touristes et les visiteurs. Les motifs sont variés : on distingue les migrants au sein d'une zone de libre circulation, les migrants familiaux, les migrants de travail et les migrants humanitaires. Les demandeurs d'asile, quand l'asile leur est accordé, deviennent des migrants humanitaires et bénéficient d'une protection au titre de réfugié. Les personnes qui n'ont pas fait de demande d'asile (parce qu'elles souhaitent vivre ailleurs que dans le pays de transit où elles sont arrivées, par exemple) ou ont été déboutées sont considérées comme des sans-papiers, sauf si elles ont été acceptées au titre de la migration de travail ou familiale. Il faut noter enfin que, parmi les migrants dits humanitaires, certains ne sont pas destinés à devenir réfugiés (au sens des Nations unies) : une protection temporaire peut autoriser les personnes à rester sur le territoire avec parfois un accès restreint au marché du travail, comme a pu le faire la Turquie pour les migrants syriens.

Tout d'abord, à la différence des autres immigrés, les migrants « forcés » — qu'on appellera réfugiés par la suite — peuvent s'orienter vers des territoires économiquement peu dynamiques : leur migration n'est pas déterminée par l'attractivité du territoire d'arrivée mais par la fuite de leur territoire de départ. Selon une étude suédoise [Ruist, 2013], les réfugiés à la recherche de sécurité et de repères accordent moins d'importance aux conditions économiques de leur lieu d'installation qu'à la présence de compatriotes. Cela mérite d'être fortement nuancé dans la période récente car les faibles taux de chômage en Allemagne, en Autriche et en Suède ne sauraient être étrangers à la concentration des demandes d'asile dans ces pays. Ensuite, leur niveau plus faible d'éducation pourrait également expliquer les différences par rapport aux autres immigrés et aux natifs. Mais, dans la situation actuelle, au-delà de la reconnaissance des diplômes, cela ne devrait jouer qu'un rôle mineur, en particulier pour les Syriens qui semblent jouir d'un niveau d'éducation assez élevé [OCDE, 2015]. S'y ajoute le caractère précipité de la migration : les réfugiés, n'ayant pas mûri, préparé leur voyage, ni appris la langue, ne disposent pas nécessairement des qualités requises pour être embauchés dans les secteurs dans lesquels ils sont spécialisés. À cet effet, l'Allemagne et la Suède ont mis en place d'importants programmes de remise à niveau.

Enfin, les conditions légales d'accès au marché du travail accentuent les problèmes. Les (futurs) réfugiés doivent généralement attendre plusieurs mois avant d'obtenir leur statut et, en tant que demandeurs d'asile, leur accès au marché du travail est souvent restreint.

L'effet des réfugiés sur le marché du travail

En théorie, un afflux de nouveaux travailleurs sur le marché du travail a pour conséquence, à court terme, de diminuer le niveau des salaires. S'il existe un salaire minimum ou si les salaires ne sont que partiellement flexibles, le chômage devrait augmenter. À long terme, cependant, la hausse de la population active entraînera une hausse du stock de capital et de la production, ce qui fera augmenter les salaires et diminuer le chômage. Du côté de la demande, l'arrivée des migrants engendre une augmentation de la consommation, qui entraîne à terme celle de l'investissement et de l'emploi. L'impact des migrations peut jouer ainsi en situation de sous-emploi le même rôle qu'une relance budgétaire. La plupart des études empiriques montrent des effets très modérés de l'immigration sur le salaire moyen national ou sur le taux de chômage national. Une analyse plus fine permet toutefois de mettre en évidence des effets différents sur l'emploi des natifs selon que leur qualification est complémentaire ou substituable à celle des migrants. Dans le premier cas, leurs salaires augmentent et leur emploi est conforté, alors qu'il y a un risque accru de chômage dans le second cas. Enfin, une immigration de travail affecte davantage la situation des natifs qu'une immigration familiale, qui agit plus sur la demande [d'Albis *et al.*, 2016].

Dans la période actuelle, compte tenu de leurs caractéristiques, il est probable que les réfugiés n'affectent que marginalement à court terme le salaire moyen et le taux de chômage des principaux pays d'accueil. En Suède, malgré l'arrivée de réfugiés, le chômage a continué de baisser en 2016. De même, le taux de chômage allemand était, mi-2016, à un minimum historique. À cet égard, près de 30 % des demandes d'asile en Europe en 2015 émanaient de jeunes de moins de 18 ans. Cette présence importante des mineurs explique peut-être ces bonnes performances car ils entraînent principalement à court terme une hausse de la consommation. Sur le moyen terme, en revanche, les conséquences pourraient être différentes : d'après le FMI [2016a], pour l'ensemble de l'UE, on observerait à l'horizon de 2020 une augmentation très faible du chômage due aux réfugiés (de 0,05 point), un peu plus conséquente dans l'hypothèse d'une intégration moins réussie sur le marché du travail (environ 0,1 point).

L'impact sera sans doute différencié selon les secteurs. Les travailleurs aux compétences substituables à celles des réfugiés subiront inévitablement, du moins dans un premier temps, leur concurrence. Les premiers touchés sont en général les immigrés des générations précédentes. La concurrence concernera aussi les natifs les moins qualifiés. À moyen terme, les mobilités géographiques et professionnelles peuvent conduire à un ajustement favorable aux natifs s'ils peuvent évoluer dans la hiérarchie [Ortega et Verdugo, 2014, pour la France] mais cela peut engendrer des tensions sociales, qui, par exemple, semblent avoir joué en faveur du Brexit au Royaume-Uni.

C'est pourquoi l'OCDE appelle à se concentrer sur l'évaluation des conséquences locales de l'immigration pour mieux les contrôler, car ce sont elles qui sont les plus susceptibles d'affecter les opinions publiques [OCDE, 2016]. Dans cet esprit, et à la différence des propositions de flexibilisation temporaire du marché du travail à destination des réfugiés censées permettre de mieux les intégrer [FMI, 2016a ; 2016b ; Blanchard *et al.*, 2013], l'OCDE recommande entre autres d'être rigide sur les salaires minimums.

L'impact des réfugiés sur les finances publiques

L'effet des réfugiés sur les finances publiques dépend de la générosité de l'État social du pays d'accueil, et naturellement du nombre de réfugiés : de ce fait, la Suède subira probablement une pression importante sur son système de protection sociale et sur ses finances publiques.

La littérature tend à mettre en évidence qu'individuellement, les immigrés contribuent moins que les natifs au budget de l'État. Concernant le très court terme, les États, bien souvent par le biais des administrations locales, doivent engager des dépenses d'hébergement et d'aide à la subsistance pour les demandeurs d'asile et leur fournir des aides médicales. Des formations spécifiques de préparation à l'emploi, notamment linguistiques, et des dispositifs de remise à niveau pour les enfants, beaucoup plus nombreux dans la population réfugiée que dans une structure d'immigration classique, sont également à prendre en compte. En outre, en raison des barrières légales à l'emploi pour les demandeurs d'asile existant dans certains pays, les États doivent subvenir plus longtemps aux besoins des demandeurs.

Enfin, certains pays supportent des frais de sauvetage conséquents, comme la Grèce (beaucoup moins depuis mars 2016) ou l'Italie, ainsi que des frais de surveillance des côtes — certes pris en charge pour une part par l'UE à travers l'agence Frontex, mais insuffisamment [Kierkegaard, 2016] — et d'accueil (les fameux *hotspots* des îles grecques, également pris en charge en partie par l'UE). Le FMI évalue pour 2016 le coût de l'immigration actuelle à 0,24 % du PIB pour l'Italie, 0,31 % pour l'Autriche, 0,06 % pour la France, 0,57 % pour le Danemark, 0,35 % pour l'Allemagne et 1,0 % pour la Suède [FMI, 2016a].

Mais ces dépenses publiques supplémentaires constituent aussi un petit plan de relance à l'échelle européenne : elles engendrent un effet multiplicateur à court terme, et donc un surplus de croissance bien utile dans la situation actuelle. Le FMI [2016a] évoque un impact positif sur le PIB européen dans son ensemble de 0,05 % en 2015, 0,09 % en 2016 et 0,13 % en 2017, impact moins important en cas d'intégration moins rapide sur le marché du travail des réfugiés. Ce surplus de croissance est de nature à augmenter les recettes fiscales futures des pays qui ont vu leurs dépenses publiques augmenter (modérément) à la suite de l'afflux de réfugiés, atténuant ainsi la dégradation de court terme des budgets publics. Sur le moyen terme, ces dépenses sont utiles, si l'on accepte le principe de l'accueil des réfugiés, car elles permettent une meilleure intégration des réfugiés sur le marché du travail.

Par ailleurs, la contribution nette aux finances publiques des immigrés n'est pas forcément négative, car la structure par âge de la population immigrée est différente de celle des natifs. Ce qui est vrai des immigrés, qui sont en moyenne plus jeunes, donc regroupés dans les contributeurs nets à la protection sociale [Chojnicki, 2013], l'est d'autant plus des réfugiés, qui sont plus jeunes que les autres immigrés, ce qui fait diminuer à long terme le ratio de dépendance dans le pays d'accueil et contribue à préserver un certain modèle social. On peut penser que cet argument a joué dans la volonté initiale de l'Allemagne d'ouvrir massivement ses portes aux réfugiés : le pays est vieillissant et — hors immigration — perdrait chaque année de la population, mettant en péril son système de protection sociale.

Conclusion

Certains pays, particulièrement l'Allemagne et la Suède, ont fait face à un afflux massif de réfugiés qui produira des effets sur leurs économies. L'impact sur le taux de chômage et les salaires moyens, de même que sur les finances publiques devrait être limité car contrebalancé par un surplus de croissance et un gain structurel en termes de soutenabilité du système de protection sociale apporté par l'arrivée d'une population jeune.

En revanche, les travailleurs de certains secteurs peuvent être affectés par l'afflux de réfugiés, notamment les anciens immigrés et les moins qualifiés, avec lesquels les réfugiés entrent en concurrence. Il importe de ne pas nier ce risque pour y répondre de la manière la plus satisfaisante pour les populations concernées.

Repères bibliographiques

ALBIS H. D', BOUBTANE E. et COULIBALY D., « Immigration policy and macroeconomic performance in France », *Annals of Economics and Statistics*, vol. 121-122, 2016, p. 279-308.

BLANCHARD O., JAUMOTTE F. et LOUNGANI P., « Labor market policies and IMF advice in advanced economies during the Great Recession », *IMF Staff Discussion Note*, n° 13/02, 2013.

CHOJNICKI X., « Les comptes de la protection sociale peu affectés par l'immigration », *in* LORENZI J.-H. et XUAN H. (dir.), *La France face au vieillissement. Le grand défi*, Descartes & Cie, Paris, 2013.

FMI, « The refugee surge in Europe : economic challenges », *IMF Staff Discussion Note*, n° 16/02, 2016a.

FMI, *World Economic Outlook. Subdued Demand : Symptoms and Remedies*, 4 octobre 2016b, p. 171-203.

KIERKEGAARD J. K., « How Europe will fail to address the migration crisis in early 2016 », *VoxEU*, 25 janvier 2016.

OCDE, « Is this humanitarian migration crisis different ? », *OECD Migration Policy Debates*, n° 7, septembre 2015.

OCDE, *Perspectives des migrations internationales 2016*, OCDE, Paris, 2016.

Ortega J. et Verdugo G., « The impact of immigration on the French labor market : why so different ? », *Labour Economics*, vol. 29, 2014, p. 14-27.

Ruist J., « The labor market impact of refugee immigration in Sweden, 1999-2007 », *SULCIS Working Paper*, n° 1, 2013.

Table des matières

Composition OFCE, Paris.
Achevé d'imprimer en janvier 2017 sur les presses de
La Nouvelle Imprimerie Laballery à Clamecy (Nièvre).
Dépôt légal : février 2017
N° de dossier : 701054

Imprimé en France